一本真情

我在讀書會等你

簡靜惠 總策劃

簡靜惠、王邦雄、李偉文、阮慶岳、馬以工、陳怡安
須文蔚、葉言都、葉思芬、廖玉蕙、簡宛
覺培法師、素直種籽群 撰稿

目錄

III

第三部 十種類型讀書會

IV

第四部
十種帶領風格

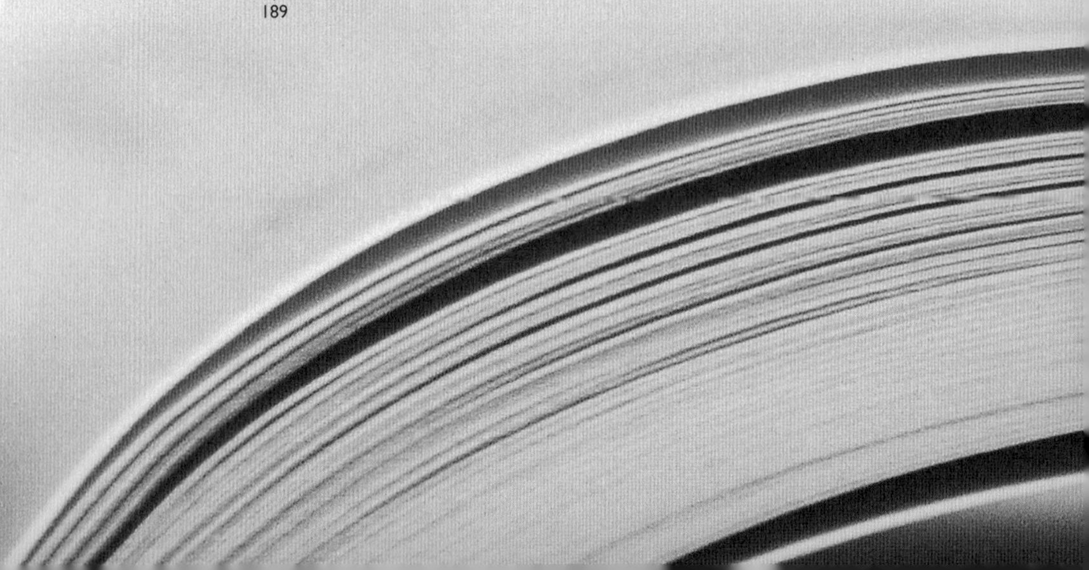

V

第五部

十種書類

序

一本真情，當下認真

二〇一三年的春天，我住回由淡水老家改建的新社區，面對觀音山、淡水河。當年的老家有我洪家四代同堂住居在此的美好記憶，更是我與敏隆養兒育女、開創生活與事業的基地。我在新社區裡學習並面對步入老年的生活：讀書運動，敦親睦鄰，積極且熱情地參與社區的各種活動，踐行素直友會推動的「成功老化」。

這本《一本真情：我在讀書會等你》，是在素直友會滿二十五週年慶後開始撰寫的。我以讀書會的方式，召集資深志工、種籽講師等多人，討論方向和大綱，分配篇章及撰稿人。我們以「十」為計，分為五部。第一部「十個素直價值」，記述松下幸之助先生素直精神的精要，以及素直友會在台灣發展的歷史歷程，一步一步地，我與素直種籽及會友們，開闢了這一塊耕耘心田的園地。

第二部的「十位讀書人」，都是多年來在基金會的敏隆講堂授課，或是看著素直友會成長的學者專家，用專業的角度看「素直」和「讀書」這件事，有更上層樓的精闢獨到。原來「素直」兩個漢字並沒有相連的意涵，經王邦雄教授詮釋為「素樸正直」（見頁六七），與原先的翻譯「真誠純樸」相映，更能彰顯內涵。

素直友會的組成重點在於人的聚合與學習分享，在「交友」「聯誼」，在「快樂地學習」美好的素直價值，走出刻板的「教科書」、「讀書為考試」觀念。因此，素直友會的組成並不拘泥於「讀書」這件事，而是「以書會友」，擴大生活領域，保有愉快的情緒不斷學習，與時並進而不被時代淘汰。

第三部的「十種類型讀書會」，是我與素直種籽發展出來的不同型態讀書會之十種，豐富又有趣。素直友會的讀書會群並不侷限在「讀書」一種模式，而是隨著會友的興趣喜好，開拓出更多的類型。在現代人忙碌多變的生活中，保留一塊學習樂土與心靈休憩地。

第四部是「十種帶領風格」，舉出十位帶領人在讀書會的經營上展現的特質。素直友會裡的氣氛開放、開朗又開心，吸引許多家庭主婦或職場退休人士的積極投入。他們的才華、人格特質與熱忱在這裡得到鼓勵、響應，吸收新知養分後，再度開花結果，各自走出燦爛的二度人生。「到讀書會去！」已是現代人生活的一部分。

第五部是「十種書類」。素直友會原先只研讀《PHP月刊》及松下先生的著作，突破日文的限制後，友會才得以發展壯大。這也是友會所提倡的讀書會本質：「為學與做人」、「讀書也讀人」，以及「自由」、「自主」、「自發」；讀書雖重要，但是過健康快樂的生活更重要。對於書類的選擇，並沒有強制規定，而是開放給大家自由選讀：聽一首歌，看一場表演或展覽，甚至一趟旅行、美食……，都可以是讀書會的主題。然而「書」，在友會夥伴們的心目中仍有著極尊崇的地位，對於「內容選材」的決定還是很重要的。這裡所舉的書類，大都是讀書會常讀、長讀或愛讀的書，謹供大家參考。

「一本真情，當下認真」，是我自己心情與生活的寫照，轉化為書名《一本真情：我在讀書會等你》，還真恰當！我從小視讀書如遊戲般的輕鬆愉快，而後組讀書會，也是我呼朋喚友、相聚讀書遊玩的場域，但認真的本質未變。我也是用這樣輕鬆又認真的心情，記下這二十六年素直友會的痕跡，在我的老家、新居號召種籽志工們，舉辦多次素直種籽與書的饗宴。為了書名，我們就經過多次的討論，還舉辦「書名選秀」，連我的兒女都被拉進來投票。女兒身懷六甲臨盆之際還問我：「你們最後決定用哪個書名？」我說：「一本真情，我在讀書會等你。」她很高興地說：「好棒，我也選這個，很有感情。」書稿完成付印，女兒也已安產，倍感歡欣！

這本書我負責大部分的文稿書寫，紀律自己以每週二到三篇的速度，寫下這二十多年來自身修練素直精神、經營讀書會的心路歷程。享受著這一路走來，與我同行的會友、書籍（有形或無形），以及潛在也深入內心的「素直心」。我在寫作中更是不斷地對「素直」進行反思，印證在自己的生活言行中，很多想的、說的，卻不一定都能做到。我盡量想辦法，努力一一去克服。原來真的就如松下幸之助所說：修「素直心」如刷牙，每天要刷！一萬次都不嫌多！

感謝二十六年前敏隆領我去日本，與PHP友會結盟交流的淵源，而後能在他走後陪著我走在晚年餘生中：有書有友，有鳥語有花香，可修己又可助人，享受著簡單的快樂。

期盼「一本真情，我在讀書會等你！」的相約，就在今天。

簡靜惠

二〇一三年十月十六日．台北淡水

I

十個素直價值

文／簡靜惠

素直，是松下幸之助先生的人生哲學，也是他經營事業的中心思想。我心嚮往之！
以「真誠純樸」、「素樸正直」建構心靈淨土、書與人的交流平台，
於一九八七年引進並成立素直友會，落實素直精神於生活並推廣。
十個素直價值述說著台灣PHP素直友會的內涵及發展歷程。

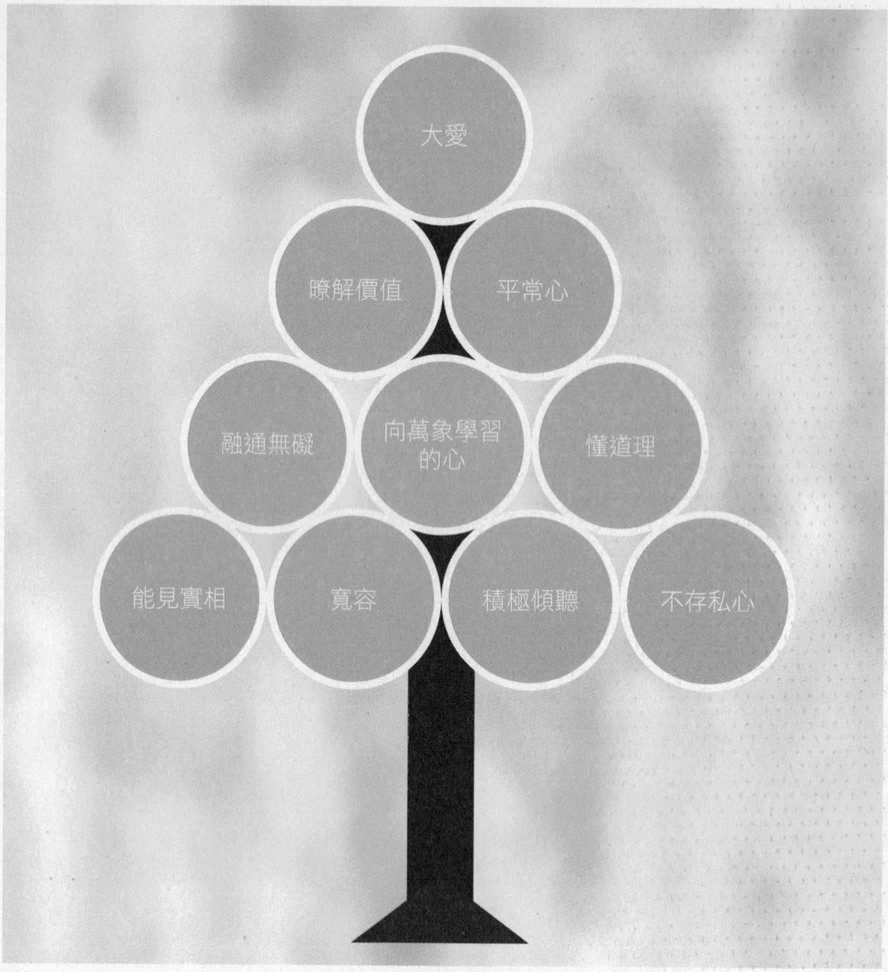
大愛
瞭解價值
平常心
融通無礙
向萬象學習的心
懂道理
能見實相
寬容
積極傾聽
不存私心

1 不存私心

PHP素直友會的源起

不存私心，就是不受私利、私欲、私心蒙蔽的心，是不存私有的心。

讀書是我從很小的時候就有的嗜好，沒想到老年時仍以「讀書」為樂，把「組讀書會」當成專業，沉浸其中，樂此不疲！

前幾年搬進淡水新居後，靠山近水，陽台很大，很適合種花蒔草，但我對此一竅不通。當我有著想學習種植的念頭時，讀書會的朋友說：「好呀！我們可以去幫你，只要你願意開放家裡的陽台，我們一起組讀書會研究花草，也順便欣賞淡水暮色！」太好了，田園樂讀書會於焉成型，我又多了一種生活樂趣。

多年來參與讀書會，一直是我砥礪生活、學習待人處事的場域，真真呼應了松下幸之助說過的「不存私心」的價值——不受私利、私欲、私心蒙蔽的心。

這世上沒有單獨一個人的繁榮，能有自己與他人共生的心，才能開出共存共榮的花朵。

「火曜會」甜蜜誕生

一九八七年（距今二十六年前），外子敏隆與我到日本參加PHP北海道大會，同行的楊壽美女士擔任日文翻譯，我們都深為松下幸之助先生提倡的PHP精神所感動。回台後，隨即決定將她日文班的學生集合起來，組成如同日本PHP的友會，取名「火曜會」（火曜是日文週二的意思）。在每週二下午聚會。原本只是日文學習，後來邀大家一起研讀並翻譯松下幸之助有關「素直」思想的文章，也讀日文版的《PHP月刊》。

這是個大挑戰，也是磨練日語的極好機會。當時的我工作繁忙，家務煩雜，所主持的洪建全基金會已運作十五年，有既定的目標方向；但我的內心非常嚮往「素直心」的境界，決定以個人身分參加，我從頭開始學日語，閱讀《PHP月刊》和松下先生的文章。以初學日文的心態去學習，不拘泥於地位頭銜形象機構目標等，這讓我非常自在輕鬆。那些年，也正走在生活與工作上極其險惡艱難的關卡——先生重病進出醫院，最後往生。無奈徬徨下，心情低落到谷底，只有在參加火曜會時才稍稍自如。這兒的朋友們一路支持陪伴，讓我卸下角色重擔，真實地做回自己。於是，我把學習素直、推動素直當成是生命的鍛鍊。

一九八七年，與洪敏隆參加PHP北海道大會。

然而，也因為洪建全基金會的關係，才得以從PHP研究所取得材料及種種協助，而有長達二十年以上的交流。認清這個事實後，我一面優遊在自我學習素直心的讀書會裡，同時也自覺要責無旁貸地負起宣揚素直心的使命。

做為台灣第一個PHP友會的「火曜會」，初期的發展過程很辛苦卻也甜蜜。壽美是一位嚴厲的老師，她一邊教我們日文，一邊領導大家讀《PHP月刊》，翻譯並解說松下先生的文字。當時的初衷只是純粹對松下先生素直理念的景仰，希望能讓台灣人感受也學習這種精神，而火曜會的朋友無償無私地投入翻譯工作，這些文章資料都是日後「素直友會」在台灣得以發展的基礎。

無私分享，快樂做自己

壽美的工作態度非常認真，可說是一絲不苟地細膩，但她很有創意與藝術天分，能輕巧地引發大家學習的樂趣。

火曜會有每年一度「Role play——角色扮演」日語戲劇演出，由她編劇、製作、導演，一則驗收學習成果，再則也讓大家透過戲劇，演繹人生的真實面，也就是「素直」的那一面。會友們對年度演出是既愛又怕，「Role play」時每個人都要有角色，都有一長串日語台詞要背誦、要表演。那時的我是個日語

楊壽美（左二）同我（右一）一起參加PHP北海道大會。回台後，她以一絲不苟的細膩和創意，帶領著「火曜會」。

菜鳥，五十音剛學會，幸好被分配到的角色是「一隻有著長毛、忠心又可愛的牧羊犬」，牧羊犬不需講太多日語，只要「汪汪！」兩聲就可以了。

以最基本的能力參與演出，眾人同心完成一件事，真是滿滿的溫暖與快樂。體會著「做真實的自己」是多麼喜悅呀！這種感受，正是我持續灌注心力在素直友會二十六個年頭的動力源頭！

那時我與壽美、解致璋在台北東區合開「清香齋」茶藝館，三人還發願一起為如此美好的素直精神效力。清香齋也是火曜會聚會的所在。一九九〇年間的某一次聚會，壽美突然劇烈頭痛，會友們立即送她到附近的國泰醫院急救，是非常嚴重的腦血管疾病，幸好及時送醫救回了一命。火曜會的朋友陪她度過生命關口及整個康復過程，建立了深厚的感情，所謂的「生死之交」也就是如此了。

二十五年來，素直友會會群已成立了許多各具特色的讀書會，如同一串珍珠項鍊般閃爍著。火曜會仍舊持續低調地聚會，他們都是喜歡安靜讀書的人，雖不再多參與素直友會的會際聯誼，但在友會需要時就會站出來幫忙服務做事，等到任務完成，又很自然地退回到他們認為最舒服單純的方式——聚會讀書，素直地做自己！

無私的心，成就了自己，也成就了台灣ＰＨＰ素直友會的價值基礎。

2

積極傾聽

引進PHP素直精神

積極傾聽，就是不管對任何人、任何事都有謙虛傾聽的心。

「松下先生提倡的素直心非常平易真實，他相信人類是偉大的，但必須在自然的理法範圍內，不拘泥、不固執、不偏私地去看、去想、去做，稱為『素直心』。」

「失去傾聽別人話語的心，說不定導致失去你自己。」「任何事最佳之上有更好的，應傾聽周遭的意見，該改就要改。」「不聽人的忠言，猶如自求心靈的貧乏。」「先有傾聽別人意見的心，創意及新構想往往由此而生。」

以上是前日本PHP研究所所長江口克彥先生說的，他曾擔任松下幸之助的祕書歷二十四年，得其真傳外，本身也極有才華，如今是日本國會議員。素直友會創立初期得他協助很多，敏隆過世後，他曾親自來台灣拍胸對我說，他會全力支持素直友會。

積極聆聽卻不拘泥，友會發展的契機

一九九一年，日本ＰＨＰ大會在橫濱舉行，大會特別邀請了壽美，代表台灣素直友會上台演講，說她自己的生命故事。我們以單純的素直心建立友情，沒有私心己見，更因壽美生病的突發事件見證了人與人之間的真情與溫暖，這般相互扶持滋潤的生命故事，很值得宣揚，這也是ＰＨＰ素直友會肯定的價值。我們一群十人陪同壽美前往參加，演說成功且贏得滿堂采，大家都沉醉在喜悅的氣氛裡。

次日午后，我記得當天日本好像有第十九號颱風來襲的警報，但萬里晴空，卻是秋高氣爽遊覽的好時節。大會後，我們來到京都拜訪ＰＨＰ研究所，及松下先生靈修的真真庵，又到了琵琶湖，輕鬆的心情下有著豐滿的感覺。除了京都的古蹟勝景引發的歷史幽情外，大家的腦海裡還縈繞著前日晚宴上ＰＨＰ研究所所長江口克彥先生與我們的對話……

「ＰＨＰ友會在台灣發展，如果無法讀日文或讀松下先生的言論，可以嗎？」

「當然可以呀，只要有素直心，每個人都是一顆閃亮的珍珠，都可以發光；集在一起，就可串成美麗的珠鍊。友會聚會時，只要大家都能放下成見，積極聆聽，生命碰撞產生的火花，可以穿珠成鍊。所以，不一定要讀日文，也不一定要讀松下先生的言論思想。」

江口克彥先生（左）一直支持著台灣的素直友會，也以開闊的心鼓勵我們突破侷限。

這是多麼豁達開闊的想法呀！素直心與中國的《老子》、《論語》、佛經等典籍有許多相通呼應之處。積極聆聽一席話，更是增進人生智慧的不二法門，這些道理我們都懂，卻是一輩子都要不斷學習的呀！

這種輕鬆又豐滿的感覺，其實就是對「素直心」的嚮往與期待——不必拘泥於異國語言的困擾，能夠暢所欲言又能學習成長的歡愉。

當下我們十人一起腦力激盪，完成了這首詩：

十人同心　真誠純樸
十顆珍珠　一線穿
串成圈圈　變成圓
心燈點亮　萬家燈火

你哪一年參加讀書會，你的年齡就會停在那一年

火曜會成立（一九八七）後，台灣一直沒有第二個會產生，主要是當時PHP友會裡關於「素直」的日文資料尚未翻譯得很完整，受限於日文閱讀的不便。直到一九九一年，才有一群具日文基礎的長者來到清香齋，組了「COSMOS會」。他們持續研讀《PHP月刊》，人數不減反增，前些年又增加了「櫻花」和「百合」兩個讀日文版《PHP月刊》的新會。

第二十屆PHP大會在金澤舉行，大家歡聚交流。

二〇一三年三月，正逢素直友會舉辦第二十二屆新春茶會，今年的主題是以「正向而從容的素直人生」走向成功老化。COSMOS會友韓瓊珍代表新會「百合會」上台報告，她說：「我今年八十歲了，我原是COSMOS會友，我們的會友平均年齡七十五歲以上，每月兩次聚會，讀日文《PHP月刊》。大家都很認真，人數愈來愈多。七年前另成立了櫻花會，也是每兩週聚會，會友又愈來愈多，所以要成立第三個會，由我擔任會長……。簡老師說過，你哪一年參加讀書會，你的年齡就會停在那一年，我雖然已經八十歲，但我的心很年輕……」

就因為我們能夠積極傾聽、謙虛學習，不論年長年幼，不論中文日文，只要敞開耳朵和心房，素直地去聽去接收，許多的美好就會進入我們的生命裡。

會友韓瓊珍開心地說：我雖然已經八十歲，但我的心因讀書會而年輕。

3 寬容

素直友會在台灣的拓展

所謂寬容，就是接納一切萬事萬物的心。

松下幸之助先生有一首非常著名的詩〈道〉：

每一個人都有他自己該走的路
這條路　有平坦寬闊的時候　有崎嶇狹窄的時候
有上坡有下坡　也有怎麼也想不通的時候
但只要你定下心來　抱著希望去走的話
一定會走開的（走出來）
無限的喜悅　會從這裡產生出來

簡單卻饒富意義。四十年前基金會剛成立書評書目出版社時，譯介出版的第一本書就是這本，取名《路是無限的寬廣》，書名貼切，十分暢銷。

心寬，世界自然開闊

一九九〇年三月間，敏隆往生後的第一百日，那些天我每夜都做同一個夢：遍尋敏隆不著，屋前屋後到處找，還沿著馬路邊的鐵道奔跑追趕，但就是追不著，他不見了……！他到了很遠的地方，回不來了。我的心非常悲苦。我到花蓮拜見證嚴上人，上人給我當頭棒喝：「你與敏隆的緣已盡，他已隨佛而去，從此天上人間兩相隔，你要盡自己的本分。這麼多年來，你一直扮演為人群服務的角色，今後你更要發揮生命的效用，認真地把握當下，要『心寬』呀！」

這「心寬」兩字打動了我，又想起〈道〉詩裡說的「定下心來，抱著希望走」，正符合我當下的心境。剎那間，世界頓時開闊，一切事物也變得單純了。

我還看周遭與一路走來的歷程，服務多年的洪建全基金會，正在交流的PHP研究所，都有充分可貴的資源可供我運用；我本身的教育背景，以及多年在文化界的工作經驗，都是極好的機會，可以讓我展現才能，再度展翅高飛。當下的我如同再生般回到最簡單的心態，無罣礙地去做自己喜歡做的事——用素直又單純的心去推動閱讀，是最能發揮自我、又能助人的一件事！

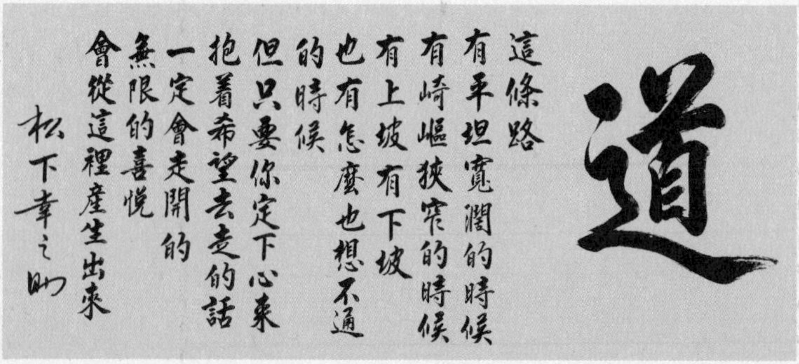
道
這條路
有平坦寬闊的時候
有崎嶇狹窄的時候
有上坡有下坡
也有怎麼也想不通的時候
但只要你定下心來
抱著希望去走的話
一定會走開的
無限的喜悅
會從這裡產生出來
松下幸之助

松下幸之助的〈道〉告訴我們：只要抱著希望去走，一定會走出寬廣的路。（台灣松下公司走廊上題字）

路寬，讓讀書領域無所不包

我開始號召同學、鄰居、球友、登山玩伴、插花班的朋友……，對他們說：「我們一起來讀書吧！」

大家瞪大了眼睛說：「有沒有搞錯？長這麼大了還讀書？」「你忘了，我們經歷過聯考的慘痛，看到『冊』就『槎』（台語討厭的意思）！」「離開學校後，我只在美容院洗頭時才看雜誌，而且是圖片很多的那種。」

「讀書」的刻板印象令許多人排斥讀書，何況還要他們參加讀書會。但我從小就是個愛讀書、愛看戲看電影、愛玩，又喜做「猴頭」（帶頭遊玩嬉戲）的人，我不會放棄的。我說：「別怕，別怕！我們不是讀教科書，我們要讀文學小說、讀遊記，不用考試，而且還要聯誼，邊讀書邊遊戲，很有趣的……」

台灣ＰＨＰ素直友會擴大了讀書的領域，可以讀書，也可以讀人；不一定侷限是書、佛經或正經八百的教條，舉凡能夠讓團體感興趣、能夠一起學習的，一首詩、一幅畫、一部電影、一段表演、一趟旅行……，都可以是讀書會的材料。松下先生說過：「在每個人身上都可發現一、兩個優點，重點是要把它找出來加以肯定，這是匯聚人心的重要繩索。」用這種「寬容」的態度讀書討論，謙虛地與會友相處，看出每個人的長處和優點，在友會裡發揮才能，對自己及團體都很有助益。

新春茶會上，讀書會成員以戲劇表現閱讀成果（右），日韓等ＰＨＰ會友一起歌唱同歡（左）。

不拘泥「日文」或「松下先生的言論」，自由地讓參加者自行決定書籍、規章等，原來自發性與自主性是現代人的嚮往，讀書不再是被逼的，樂趣也就因之而來。

一九九一年成立的「真誠會」（我的高中、大學同學組成），一九九二年成立的「會心橋讀書會」（我的鄰居球友等組成），至今仍積極且興致勃勃地持續聚會。她們都不是在做學問或掉書袋，然而這群一起走過二十多年的讀書會友們，卻在「成功老化」的路上愈活愈有勁。

很巧的，最近我和弟妹、小姑等人，也想在我們家裡組讀書會，取名「心寬念純讀書會」，要開始研讀證嚴上人講述的《無量義經》和《心寬念純》等書。我們都笑說：「除了家務事，我們也可以一起讀書精進呀！」

4 能見實相

以四層次帶領方法開枝散葉

能見實相，就是可以看到事物原來的面貌，能見真相的心。

一九九〇年六月間，敏隆過世不及半年，日本PHP研究所的江口所長和山口徹部長來台祭拜，我告訴他們PHP研究所與台灣的交流情況，及敏隆臨終前的種種。我說：「敏隆走時穿著他最愛的衣服，手腕上帶著印有PHP字樣的錶……，他內心有著松下先生事業與文化兼顧發展的理想。」

他們很誠懇地告訴我，日本PHP研究所將會全力協助我在台灣發展PHP素直友會。

下雨了，把傘打開

自一九八八年與日本PHP研究所建立正式交流合作，敏隆一直支持我在台灣推動松下幸之助提倡的素直精神，在原有洪建全基金會的架構外，引進日本PHP素直友會的理念及組織方法，成立台灣PHP素直友會，發展成秉持真誠純樸，且具有個人自我意識、自動自發的閱讀學習運動。

素直友會推動讀書學習風氣，不僅與當時全球都在推動的終身學習趨勢吻合，台灣的教育部和文建會（現為文化部）在那些年間，也都把讀書會的發展列為政策而努力推行。日本PHP研究所一直給予我很多的指導與支持，尤其敏隆過世後的這次造訪，有如一劑強心針，更令我振奮與感動。我以「從自己出發」、「愛閱讀，喜分享」、「關心社會的文化與教育」這種非營利立場出發，學習「素直」也「服務社會」，來推展閱讀，建立書香社會。

松下先生對「素直」最傳神的詮釋是：「下雨了！把傘打開！（雨が降れば　傘をさす）」想做一件事就去做，別想太多，做就是了！會因為下雨就阻擋自己不出門嗎？下雨本來就是大自然的現象呀！因此，宣揚素直精神、組織讀書會，既是我當下的決心與目標，那就努力去進行吧。

素直精神，百花齊放

一九九一年開始，我以我的女性角度、學經歷、多年來基金會開設課程的方法，配合社會趨勢，整理出一系列的課程，並在課程中帶進「素直精神」，課後組成讀書會，延續學習與經營。包括：

二十六年來，素直友會讀書會群多達一百多個，如百花齊放，繽紛多采，各展姿妍。（楊雅棠 攝影）

收新知
引
發思維
力
行生活

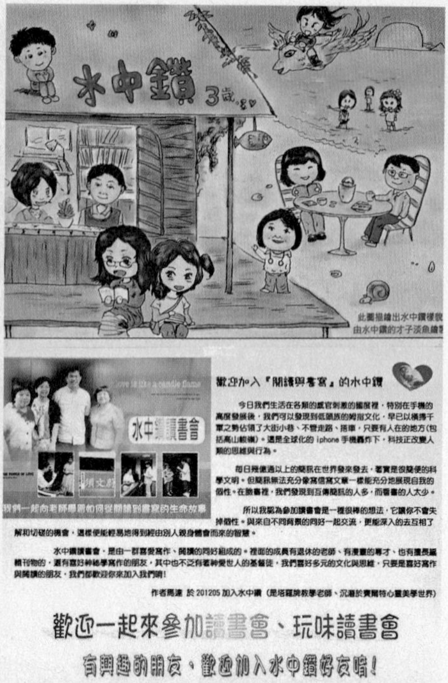
水中鑽 3歲
此圖描繪出水中鑽樣貌
由水中鑽的才子淡魚繪製
水中鑽讀書會
歡迎加入『閱讀與書寫』的水中鑽
今日我們生活在各類的感官刺激的氛圍裡，特別在手機的高度發展後，我們可以發現到低頭族的拇指文化，早已以橫掃千軍之勢佔領了大街小巷、不管走路、搭車，只要有人在的地方(包括高山峻嶺)。這是全球化的 iphone 手機轟炸下，科技正改變人類的思維與行為。
每日幾億通以上的簡訊在世界發來發去，著實是很簡便的科學文明。但簡訊無法充分像寫信寫文章一樣能充分地展現自我的個性。在臉書裡，我們發現到互傳簡訊的人多，而看書的人太少。
所以我認為參加讀書會是一種很棒的想法，它讓你不會失掉個性。與來自不同背景的同好一起交流，更能深入的去互相了解和切磋的機會，這樣便能輕易地得到經由別人親身體會而來的智慧。
水中鑽讀書會，是由一群喜愛寫作、閱讀的同好組成的。裡面的成員有退休的老師、有漫畫的專才、也有擅長編輯刊物的，還有喜好神祕學寫作的朋友，其中也不乏有者神愛世人的基督徒，我們喜好多元的文化與思維，只要是喜好寫作與閱讀的朋友，我們都歡迎你來加入我們唷！
作者馬達 於 201205 加入水中鑽（是塔羅牌教學老師、沉潛於賽爾特心靈美學世界）
歡迎一起來參加讀書會、玩味讀書會
有興趣的朋友，歡迎加入水中鑽好友唷！

清心若茶
讀書會
成立宗旨：集合喜好品茶的同伴，
共同識茶、學茶藝、讓喝茶
成為日常生活中的樂趣。
活動內容：尋訪好茶、品茶、學習茶道
及相關之手工藝。
時間：每月末週一次。
地點：各處茶廠、茶行、茶館等。
品茶天地
歡迎新朋友一起來喝茶！
連絡电話：0919309906 莊（女士）

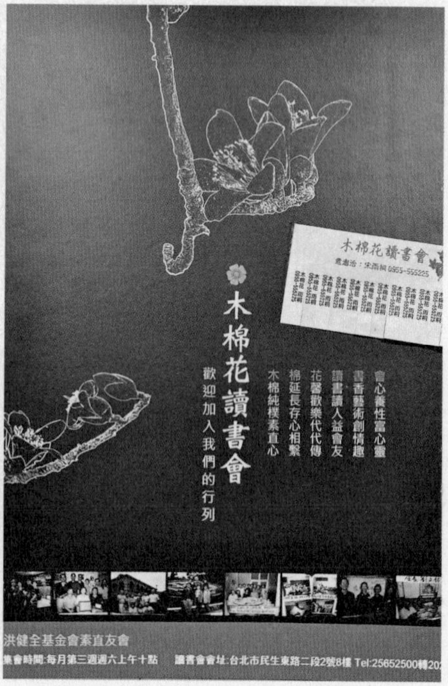
木棉花讀書會
歡迎加入我們的行列
會心養性富心靈
書香藝術創情趣
讀書讀人益會友
花馨歡樂代代傳
棉延長存心相繫
木棉純樸素直心
木棉花讀書會
洪健全基金會素直友會
集會時間:每月第三週週六上午十點　讀書會會址:台北市民生東路二段2號8樓 Tel:25652500轉20

1.「自我人生的開拓」：專為女性開設的課程，一共舉辦了十三梯次，組成的讀書會有十多個，如「連心」、「野薑花」、「黃金葛益生花圃」……等。

2.「表達與演說方法」：起源於早年基金會策劃舉辦的演說方法課程，由顧問陳怡安教授主講的激勵方法學習營，我將之整理成適合現代人的學習需求，並邀約當時的同事方隆彰、楊田林一同主講，很受歡迎。課後也組成讀書會演練學習，如「聽你情話我意」、「陽光」、「海芋」……等。

3.「讀書會帶領人培訓」：配合教育部推廣的終生學習政策，我將此課程內容統整並不斷修正改進，持續至今。課後組成讀書會加入素直友會，如「明心」、「八角窗」、「木棉花」、「活水」、「圓緣」、「永心」、「吸引力」、「三一」、「三七」……等。

多年來，我一直用素直心成立讀書會群，也培訓志工和素直種籽講師群，我想起松下先生的這句話：「不受限於自己的欲望、名譽或世間的批評，用洞察真實的素直心下決斷。」正是我長期認識素直、推廣素直及書寫素直故事時，得以反省人生的最大收穫。

不必在意要讀什麼、怎麼讀、成員是誰、該成立多少個讀書會、有多少人參加，甚至讀書會成立後的組織帶領……等等，「素直」地去做就對了！就這樣，一邊學習「素直心」，一邊推動「素直友會」；我是會友也是總會長，

各讀書會群自行製作的海報，展現各自特色，呼朋引伴共讀書遊戲。

是引領閱讀、帶動書香社會的「頭馬」，也是回過頭來與會友一起讀書遊戲、磨練待人處事的「回頭馬」。

能見真相，才能了悟人生

然而，自己是不是真的做到「素直」？有落實「素直心於生活」嗎？我常問自己這個問題。

二○○八年，我到日本參加PHP國際交流會，拿到一本日文版新書《人間偉大なるもの》（*The Greatness of Human Beings*，江口克彥著；二○○九年由洪建全基金會發行中文版《人類是偉大的》，簡靜惠編審，朱育德譯）。回台後，我與友會的朋友組讀書會進行閱讀討論，並翻譯這本書。

我們一共有八名成員，懂日文的會友先朗讀解釋，然後一起討論，並印證到自己的生活，說出各自的想法見解。每次的討論大家都有所感觸發現，這天我們讀到：「素直心是認識、理解、順應自然理法，做正確判斷並採取行動的心。」我才猛然察覺自己的素直心有問題。

因為工作、環境上的順遂，我一直不自覺常會有著「為人的傲慢和自以為是」的態度，尤其與親近的人相處時更是如此。我想起我與大弟簡邦彥的關係。邦彥跟我只相差兩歲，和我最親，從小就玩在一起，早年他一直在台灣松下

《人類是偉大的》日文版及中文版封面。

公司服務並輔佐敏隆，自學日文到說寫一流，對松下先生的理念知之甚詳。但邦彥為人剛正不阿，硬梆梆的不會轉彎，有時難免失之偏執（其實我也有同樣的毛病），所以兩人常吵架。我曾因為他對我的朋友有成見而與他發生摩擦，我很生氣並嚴厲地指責他的不是，我自以為是，且「理直氣壯」地爭執到二人怒目相對，內心一直存著疙瘩。

那天的讀書會進行到「秉持素直心」時，我猛然發現其實我也有不對呀！理直但不必氣「兇」，對身旁的親友更需要禮數。我想起松下先生說過的：「要能看到事物原來的面貌，要有能見真相的心。」我與邦彥起爭執的真相是：他對待我的朋友的態度有偏頗，是觀點立場上的對應不當而已，如果我也在態度上「理直氣兇」，不友善且粗魯地對他，不也跟他一樣嗎？把真相想清楚後，這些都不應該影響到我與邦彥的手足之情。

想通了之後，我自覺到：「我太急切，我也有錯！」有錯就要改呀！我是個即知即行的人，討論會後不久就是農曆新年，初二回娘家是簡家的大事，兄弟們會擺桌宴請嫁出去的女兒們。那天在酒酣耳熱之時，我舉杯當著許多親友的面，公開向大弟道歉，兩人把手言歡，一片和樂。

原來「素直」地面對自己，並說出「道歉」的話，不僅不難，還相當令人心安與喜悅。沒想到過沒多久，邦彥因腦溢血驟然過世，極度傷痛中，我想起

我與大弟邦彥（右）、江口克彥先生（左）合影於PHP大會。

因著讀書會，自我反省及當下道歉的往事，幸好有這段修補的過程，否則將會抱憾終身。

源於這段往事，我見到自己在「素直心」，尤其是能見真相的心，是多麼不足啊！我做為素直友會的「頭馬」，引領方向並付諸行動，仍須時常回頭看自己，重中松下先生的理念，持續不斷地修練「素直心」，是為戒。

5 懂道理

順應天理，內化素直

懂道理，就是能從寬宏的視野看事物，知其道理的心。

素直友會發展中的一大福音，是一九九六年徐素英女士加入了「會心橋讀書會」，那時她剛滿六十歲，是生命豐收圓熟之際；她也參與素直友會總會的許多事務，尤其是跟日本ＰＨＰ友會的國際交流，幫助台灣在海外建立良好形象。

大自然也是我們的老師

我最記得的，是在一次素直友會交流會上素英姊說過的故事：有一個小女孩到老師家學琴，看到秋天滿地的落葉，她一路徘徊流連，揀了一裙兜的樹葉，卻忘了上課的事，回家後媽媽當然責備她。下次上課，小女孩滿腹委屈地跟老師說：「可是樹葉好美哦！」老師安慰她說：「學琴固然重要，但是看著時序變化、欣賞花草大自然也是一種學習。沒關係，這回我們加倍努力，把上次的功課補回來！」素英姊就是這位老師。

素英姊說：這種對大自然運轉的感應是很難得的經驗，小女孩的美感體驗會是她長大後人生價值的寶貴營養成分，很值得鼓勵。這段故事很令我感動，也使我想起日本一九四九年諾貝爾物理獎得主湯川秀樹，其自述的《旅人》（遠流出版）一書中，描寫他小時候在墓地玩耍奔跑，不小心跌倒撞到墓碑，一下子哭著爬不起來，卻看到櫻葉間穿透而下的陽光，不由得被震撼住。後來湯川秀樹在物理學「中間子」的想法，就由此「細碎陽光」而來。這不也印證了松下先生所說的：「從寬宏的視野看事物，知其道理的心！」

徐大姊舉止優雅，嫻熟日文又喜閱讀，參加友會後開始研讀PHP的資料，讚歎松下先生的「素直精神」；領導「會心橋讀書會」唱歌讀書旅遊，她們尊她是永久會長；她在素直友會組「日文學習讀書會」，從五十音開始教起；她組合唱團教唱歌，到日本PHP大會上表演；她愛運動，說打球也可學習素直精神，於是發動組「素直高爾夫讀書會」……

順應天理，坦然接受

二〇〇八年，我召集幾位資深會友，以讀書會方式讀日文版《人類是偉大的》，先譯成中文加上討論，整理後出版。幾位日文嫻熟的會友素英姊、朱

徐素英（前排中）帶領合唱團，在日本PHP大會上演出。

育德、何素寬、蕭碧霜、劉敏、呂淑真等都積極參與，我則負責主催統籌，整個過程非常精采，對我個人的意義尤其珍貴難得。

第一次的主題是「根源、自然理法」。松下幸之助先生在京都的PHP研究所舊址裡有個小神社，供奉著「根源」，希望人們能省思大自然與人類的根本動力與原理。宇宙萬物都是從根源而生，把人類和大自然放在共生的平台上，讓我們容易瞭解，人若要和諧發展，人類社會必須遵從天理，謹守禮儀和倫理。

當我們討論著什麼是自然理法、什麼是道理時，負責翻譯大任的朱育德先生說了個故事：他的女兒曾在懷孕時被檢驗出胎兒發育不健全，面臨是否要墮胎的掙扎。朱先生一家都是虔誠的基督教友，女兒說：「我要保留胎兒，這是上帝賜給我的寶貴生命，是什麼就什麼，我都能夠接受。」等到胎兒七個月大時，終因發育不良而自然流產，朱先生一家也都欣然接受。他說：「這就是松下先生說的，生命有自然理法，該怎樣就怎樣，我們一起承擔。」

這般順著天理自然、坦然接受的心態，直接撼動了我的心。反思那一段日子裡，自己對兒孫的期待，不是也該用此種自然理法坦然接受嗎？於是我開始轉變心態，把對兒孫的期待慈愛轉化為更大的大愛。沒多久，好友蔡幸枝和董陽孜都告訴我，她們的第二個孫兒女要出生了，甚至遠在美國的陳美和也

我們以讀書會的形式，討論翻譯《人類是偉大的》一書。

說，她的女兒要生老三了。我馬上說：「太好了，我是他們的『漂亮姨嬤』！這些小生命都是我的孫兒孫女。」

水不會往上流

徐大姊在二○○九年不幸英年早逝，生命的流失是如此的無奈，大慟！難忍心中的不捨，翻開《人類是偉大的》一書，想起當年我們與徐大姊一起討論時的情景，不禁唏噓！

「宇宙萬物就是順應此理的原則，各自走各自演進的路。然而，人類有太豐富的感情，有想把自己正當化的理性，這些感情和理性，往往使人們選擇了違反自然理法的方法。就像你往上丟石頭，石頭卻不會一直往上飛，水也不會往上流。」我反覆背誦著：「不執著於利害得失，是一心一意順應自然理法的心。」

我要告訴徐大姊的最愛陳大哥，不要太常去徐大姊的墓園吧！她已隨風而逝，不在那兒了！唱唱那首徐大姊曾教過我們的〈千風之歌〉吧：

私のお墓の前で　泣かないでください（請不要在我的墓前哭泣）

そこに私はいません　眠ってなんかいません（我不在那兒　也沒有沉睡）

千の風に　千の風になって（我已化為千縷　千縷的風）……

一九九七年，我和素英姊（左）於京都PHP研究所舊址二樓。

6 向萬象學習的心

用素直精神與外界結合

向萬象學習的心，就是懷抱著向萬物學習的精神，並從中得到教誨的謙虛心。

二〇一三年夏天，「紅外線讀書會」的會友組團到敦煌看壁畫、走古蹟，出發前我們的會友老師馬以工教授找來許多資料圖片，為大家上了半年多的課，這是個籌劃已久、可說有備而來的旅程。這天的行程安排，是去看離敦煌二十多公里外的「玉門關」。漫無邊際的沙漠，風沙遍野，不過就是一個「土堆」嘛，值得去嗎？「去，當然要去！憑弔古蹟是一種情緒。」以工強調。我說：「來到歷史現場，是一種鄉愁（Nostalgia）的慰藉，走進前人的步履中，體會人與時空的不同交集，是對人生的再次覺醒。」

「玉門關」的石碑前，唐朝詩人王之渙留下了一首〈出塞〉詩：

黃河遠上白雲間，一片孤城萬仞山。

姜笛何須怨楊柳，春風不度玉門關。

當下我用河洛語吟唱著這首詩，心情很快地與當下的時空情景相接合，整團的人也被我感染，沉浸在歡愉又懷古感傷的氛圍中。

吟唱唐詩包粽樂，萬象皆可學習

說到「河洛語唐詩吟唱」的學習，得回溯到二〇〇七年，我參加旅行團到南美旅遊，二十幾天的行程很長，團員來自各方，並不一定都認識。某天舟車勞頓中，忽然聽到輕輕的吟唱聲：「葡萄美酒夜光杯，欲飲琵琶馬上催……」回頭一看，原來是那位不苟言笑、被團員戲稱為「校長」的吳會計師。他會吟詩呀，好令人驚奇！我與團員們馬上圍過去請他再唱幾首，吳先生簡直樂壞了。聽吳太太說，當年吳先生學了河洛語唐詩吟唱後就迷上了，一唱再唱，唱到在他退休的慶祝會上，還被限制只能吟唱五首。如今在南美的旅途中碰到我們這群知音粉絲，怎不令他雀躍！

吳先生唱得很開心，也把我對學習吟唱唐詩的興致引發出來。我一向喜歡呼朋引友，享受獨樂與眾樂，回台灣後，我請吳先生到素直友會裡當老師，教大家唱唐詩，正音學河洛語，並在課後持續學習，組成「河洛語唐詩吟唱讀書會」。

用河洛語吟唱唐詩，有河洛語古音的韻味，還可背誦領略詩中的詞意，年幼

紅外線讀書會之敦煌古蹟巡禮。

時讀詩茫茫然不明所以，進入中老年後，人生閱歷已多，再來讀詩記誦，順便用「河洛語」正音，一舉數得！早年忽略的多項學習，漸漸地在自己的時間與生活條件許可下，可以用很自然樸實的心態參與。發自內心單純地向萬象學習，是多麼喜樂的事呀！

早在出發去敦煌絲路前，「河洛語唐詩吟唱讀書會」就計畫在今年的端午節前「吟詩包粽子」，不僅用詩歌吟唱來應景，也讓多位資深會友展現包粽子的才華。我最興奮了，年輕時因工作疏於家務，每逢端午佳節，只見婆婆忙裡忙外地發揮拿手絕活，我一點也插不上手。等到年歲大了，才後悔當年沒學到這項技藝，面對兒孫輩感到有些慚愧。現在竟然可以用讀書會的方式重修，集合老中青（八十七歲的會友二位、七十幾的一位、六十幾的好幾位，也有不到五十的）會友們一起包粽子，好玩又有意義。

學習成長，永不嫌晚

雖然像在辦家家酒，我們可是有計畫的，從決定數量種類開始，到材料計算、採買分工，到洗、刷、切、包、蒸煮，步驟瑣碎卻有條理地進行著。忙了大半天，終於可以圍著桌子坐下來一同品嚐。大家迫不及待邀請吳老師先嚐，吳老師說：「嗯！很好，可是今天不能白吃你們的粽子，我要教大家吟唱一首杜甫的〈聞官軍收河南河北〉……」大家笑說：「當然好，只是粽香當前，

求知的心不受歲月時空限制，即使是包粽子，也可從頭學過。

先吃再說吧！詩嘛，可以慢慢吟。」

松下先生說的「向萬象學習的心」，就是懷抱著向萬物學習的精神，並從中得到教誨的謙虛心。因著這種態度，他才能永遠積極向上，創造人生與事業的奇蹟。

我曾接受《天下雜誌》的訪問（見《天下雜誌》五二〇期一四九頁），談我的幸福角落。我說：「在讀書會裡與人分享、溝通、學習成長，是一件很快樂的事。」抱持求知不懈的心，不受歲月時空限制，天地之間可供學習的事

河洛語讀書會每次聚會，大夥兒都唱得興致高昂。（楊雅棠 攝影）

物何其多呀！

二〇一二年素直友會滿二十五週年，我提出在素直友會裡以讀書會方式推動「成功老化」。要成功老化，就要不斷地互相學習成長，在資深會友身上瞭解他們的專長並加以發揮，供年輕會友們學習，建立彼此的信心，活得更健康更自在。

7

融通無礙

創造新的型態與時俱進

融通無礙，就是可以自由自在改變看法、想法，以求更完美處理事物的心。

松下幸之助先生一生都將德國詩人山繆・烏爾曼（Samuel Ullman）的〈年輕〉詩當成座右銘，轉寫成〈青春〉，並請齋藤覺（日本PHP友會會友）譜成曲，在友會裡傳唱：

青春とは　心の若さ　である　信念と希望にあふれ

（青春，是蘊藏在內心滿懷的信念和希望）

勇氣にみちて　日に新たな活動を　続けるかぎり

（鼓起勇氣來，只要每天不斷從事活動）

青春は永遠に　その人のもの　である

（青春就會永遠存在，永遠屬於你）

永遠保持著精神上的青春，是松下先生最大的希望。肉體可能老邁，但心理

天地之間可供學習的事物何其多，我們向萬物學習，並從中得到謙虛心。

（楊雅棠 攝影）

絕對不能老化，不僅自己要能如此，更強烈地期望周遭的環境亦能如此。這一基因也傳遞到日本及台灣的ＰＨＰ素直友會，成為貫徹踐行的信念。年齡與體制都不再是學習的限制與障礙，時代在進步，經典智慧、科學新知都可以是學習的內容。打破局限，學會自由自在地改變看法想法，真誠純樸地過一生，是素直友會奉行的價值，也是我在六十歲以後深植內心的信念。

一趟清晨海邊散步後的迴響

二〇〇六年夏天，我隨著素直友會的年度關愛台灣之旅，到北海岸、龜山島、佛光大學等地做二日遊。會友們藉著旅遊認識台灣，也廣交會友結善緣。我往往是最大的受惠者，不但認識許多新朋友，也吸收許多會友的知識見解，將這些想法整理後，就可成為新的創意方案，也是友會每年制定發展方向的重要參考來源。這般自由自在地吸取異見，正是傳自松下先生融通無礙、追求完美的風格。

這年開始推行的「成功老化」關懷計畫，可說是這次關愛之旅後延續成功的例證。那次旅遊，我在清晨海邊散步時認識了會友林壽惠等，我們談起家庭、童年，還有諸多社會現象、老年社會的新觀念等等。許多讀書會的朋友都圍過來一起聊。面對年華老去，似乎是每個人的課題，怕老又不能不老。由於談話氣氛輕鬆愉快，有人說：「我們何不一起來推動『不怕老』的計畫！」

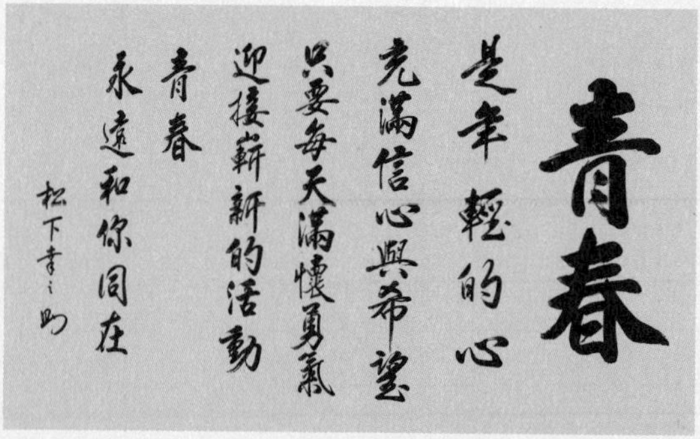
青春
是年輕的心
充滿信心與希望
只要每天滿懷勇氣
迎接嶄新的活動
青春
永遠和你同在
松下幸之助

青春是：只要每天滿懷勇氣，迎接嶄新的活動，青春永遠和你同在。（台灣松下公司走廊上題字）

大家拍手叫好。種籽志工呂淑真及多位會友當下應允承擔執行，「成功老化」關懷計畫於焉成型。

我明白素直友會是個讀書會群的學習團體，並非醫療也非社會福利機構，能力和資源是有限的，要很清楚能做與不能做的界線。謹守這個分際，做起事來才會長久，不會有挫折感。

要推動「成功老化關懷計畫」，得先從「老化及健康」觀念建立開始，觀念清楚了之後，一定要自己身體力行，繼而幫助身旁的親友，再擴及服務社會。

但當時的社會氛圍，一般人對「老」字非常排斥抗拒，我們還曾一度改用「後五十歲的人生規劃」來推行，直到二〇一二年素直友會二十五週年的慶祝會上，才正式以「在讀書會裡踐行成功老化」為主軸來推動。

二〇〇七年開始，我們推動「成功老化：後五十歲人生規劃講座」，吸引各年齡層的朋友聆聽，學習不怕老。

千歲美女的生命智慧

二○○六年我拿到了老人證，其實早在六十歲時我就開始調整心態，將頭從辦公桌抬起來走入生活，學著放慢腳步，正常作息飲食，運動健身。我也開始陪我的婆婆參加她的十二姊妹會，她們都是八十五歲以上的老太太，老態龍鍾卻氣質高雅，生活經驗豐富。我每月與她們一塊聚餐，一邊聽她們話家常，一邊幫她們做服務也提供新的資訊觀念。她們的身影警示我：「二十年後，我就會是她們的現在模樣，那我現在可以做什麼？」

姊妹會裡的三姨常說：「要趁著年輕多出去走走，我現在可走不動了。」她仍記得去過的世界各個角落。我婆婆排行第二，她會說她年輕時如何與先生共商業務，又偷偷學跳舞的故事。王阿姨是最小的，當年她常清晨三點起來唸經，又一趕三的又是打球運動，又是上市場買菜，又是陪先生宴客。這個被我朋友笑稱是「千歲美女」（這些阿姨們的歲數加起來有一千歲）的餐會，我真的是滿心歡喜地參加，且受惠頗多。看似在服務幫忙，卻聽到許多生命故事與女性智慧。

在她們身上，我看到美好的典範，也提醒自己趁著現在還有體力時，可以多做什麼，如何好好地過生活。我把修己助人的觀念當成是自己也是素直友會的目標，努力踐行也享受人生。

逆齡，要擁有不停歇的好奇

推行至今，全球進入高齡化社會後，各種相關資訊愈來愈多也愈成熟，大家似乎不再怕「老」，不再視「老」為畏途了。到處可見滿頭銀髮、素面質樸、安然自在的老人，昂然出現在各種場合。

二〇一三年素直友會的新春茶會上，「關愛家族讀書會」表演一人一故事劇場「春天的故事與心情」，我看到幾位關愛家族的會友，包括林壽惠、陳蕙蘭等人的演出，感受到她們自在地開創了人

逆齡，是一種生活態度，一種對生活永遠充滿熱情的健康心態。

生另一高峰。

歐洲《時代雜誌》總編輯凱瑟琳・梅爾（Catherine Mayer）寫了本新書《逆齡社會（*Amortality*）》（天下雜誌出版）。這個「Amortality」是新字，定義為「永恆生活的潮流，通常否定死亡。」（Collins大辭典）

梅爾說的逆齡，不是青春永駐，而是一種生活態度，一種對生活永遠充滿熱情的健康心態。這是一種與年齡數字無關，擁有不停歇的好奇與衝動的人生。我喜歡這樣的觀念，正努力效法並推廣之！

素直友會有各種類型的讀書會，各具特色的讀書會帶領人，各色各樣的內容組成，年齡型式都不是限制，可以自由自在地學習面對自己與生活。以開闊寬廣和學無止境的心情，讓我們未來的每一天都過得更融通無礙，更活潑精采！

8

平常心

面對危機，面對社會

平常心，就是以平靜、冷靜的態度，處理任何事物的心。

接觸「平常心」這三個字，是一九八七年參加第六屆日本 PHP 友會北海道大會後，敏隆送給我的禮物，刻在一塊木板上。敏隆對「平常心」的心儀與嚮往，可在他經營企業的理念裡見到，一九八三年，當時擔任國際電化商品公司總經理的敏隆，在給同仁的年度訓勉時，就以「平常心與危機意識」為題：

「經營者引導著全體同仁以真誠的心經營事業，則可把握事情的正確性，在光明磊落、一片和諧中，將一切事情處理得更圓融，產生更好的成果。」

敏隆也提出平常心與危機意識連在一起的觀點，他說：「只有危機意識沒有平常心，會造成惶恐緊張；只有平常心沒有危機意識，可能流於散漫、不負責任……。在平常的時候就要培養嚴謹堅強的工作和生活態度，尊重每個人的尊嚴與潛能，則可依賴個人能力，發展各司其職、各展所長的企業精神。」

理所當然去做平凡的事

可以將這段話拿來印證松下先生對於「素直」的詮釋：「下雨就撐傘」，「自來水哲學」。這是順應天地自然之理的態度，即所謂萬人的常識，極平凡的事。「做買賣或經營事業若有祕訣，就是理所當然去做平凡的事。」

平常平凡、緊急動盪；凡夫俗子、達官顯要；貧窮落魄、富貴騰達……等等

素直就是：下雨了，把傘打開！順應天理的自然。（楊雅棠 攝影）

現實，商場或人生中許多的對比都要瞭然於心，才能坦然以對。敏隆的胸懷早已蘊含松下先生的精神，只可惜他英年早逝，我心嚮往也當追隨。

一九九〇年前後，正是我的生命處於疲憊倦怠之時，我開始積極參加火曜會，在台灣推動素直友會，漸漸地活出生命的動力。那些年，我的老同學林貴真剛從教職退休，她陪著我談天說地，走過生命中的折翼大慟，我也拉著她一起推動讀書會。我以「平常心」來看待，不計較參與人數、組成的讀書會數量，也不自居是讀書會的權威，我們只是愛讀書，也都經營有出版社，那就先開始一起讀吧！

由於我長年在企業界工作的訓練，以及本身的學習背景，敏隆當年提出的「平常心與危機意識」更是深植我心，我努力用各種方法去組織、推動讀書會，希望呼應松下先生所說的：「所謂成功，就是孜孜不倦地努力到成功。任勞任怨，耐著心繼續努力時，周遭的情勢將會改變，你就可以開啟成功的大道。」

危機下更要有平常心

二〇一二年六月二十七日，Panasonic 津賀社長新上任的訪問中，曾被問到：「如果創業者松下幸之助還在世的話，我想請問他在事業環境變化劇烈的今天，會挑戰第二次創業嗎？他會怎麼做呢？」

會嗎？我認為會的。松下先生是個不怕挑戰的人，他一生中不知碰過多少次危難，事業也出現過多次的危機，好比日本戰後，他曾被指控是「財閥」，個人資產遭凍結，個人經濟行為也遭禁止。然而，相對應的「平常心」，是危機意識下該有的態度。經濟不景氣，也是宇宙天理循環中的自然現象。

這個問題雖無法得到創業者的直接回答，但我們仍可透過瞭解松下幸之助先生的精神，間接地得到答案。在Panasonic創業的歷史上，也曾面臨工廠停工沒有財源的時候，當時松下先生的做法是，將作業員送到販賣第一線，以「No Sales, No Money」的理念重振事業。松下先生認為，在景氣蕭條中，才能產生更多改變的機會，要勇於挑戰，積極向前。

素直友會在發展的過程中也有低潮或不順遂之時，小至一個讀書會面臨零落的參與人數，甚至會務沉滯等內在或外在的危機。記得好多年前，有一次「真誠會」的聚會竟然只來了我與陳齡嬌兩個人，愕然中我們聊了起來，她說起高中時參加田徑隊賽跑和打籃球的往事，我也說起當年準備聯考又貪看電影的舊事。我們談得好開心，這個讀書會的小危機就這樣消除了。

危機不一定大小，只要素直地面對，內在的力量就會產生出來。就是用這種「素直」的心態，我快快樂樂、平平穩穩地走了這麼多年。

真誠會會友一同出遊，二〇〇一年於烏來。

9

瞭解價值

結合社區，再創新價值

瞭解價值，就是能正確認識好事，知道有價值之物的價值並肯定它的價值。

進入二十一世紀後，世界快速變化，人們的住居變遷性更大，新市鎮、新社區、新鄰居……，新奇之餘，需要更多的學習。對新環境的認識，住居的安全管理，生活步調的調整，以及住戶之間的相處……等等，是現代人必修的課題。

二〇一一年，素直友會的年度方向曾提出：「心存素直，多管『賢』事」，鼓勵大家參與公共事務，做個現代公民。其實會友裡就有很多位在社區裡擔任管理委員或主委，他們都說：當管委是最直接、最實惠的志工，大家努力了大半輩子，不就是求個安適的生活嗎？住入社區是新的生活經驗，怎可不努力奉獻己力，以提升生活品質，助己助人？

貢獻己力，從社區讀書會出發

由於淡水老家的改建，我有機會重新入住原是老家的新居。新社區的景觀與設備都非常好，聚集了許多中產階級新住戶，有我的舊識也有新交。藝術家蕭麗虹是我的鄰居之一，她長期經營竹圍工作室，關注台灣的藝術環境，並時常與國際交流，具有開闊的視野與行動力。我倆都是好管「閒」事的熱心人，很快就有以讀書會提升並培養社區讀書團體的共識，並邀約曾是種籽、也是鄰居的蔡碧芬一起參與。

我深知一般人對讀書的刻板印象，大家都不喜被拘束，而社區內的資源及人脈很豐富，鼓勵之下也都熱心地參與支援。社區讀書會尊重每個人的意願，自由參加沒有壓力，鄰居們貢獻人脈，介紹主講人引介好書，或正確的飲食住居知識，或各國風光、社會服務觀念等。尤其每年春、秋兩季在社區附近踏青郊遊，引導鄰居認識住居環境，收穫更大。這是讀書會走入社區、關心鄉土的具體作為。

在地的好山好水、綠色景緻，需要親近走動，需要瞭解，才會生出感情。所謂「愛鄉愛土」，就要從住居環境的認識開始。二〇一二年，我們第一次舉辦的「淡水河及樹梅坑溪藝術行動」，讓大家以步行方式認識流域（淡水河與樹梅坑溪）、產業（含農業等三級產業與溪流的關係）、環境與地景，瞭解樹梅坑溪的特

愛鄉愛土，就從認識住居環境開始。我們以步行方式讀走「樹梅坑溪藝術行動」。

色、美麗與困境，並探討後續如何關懷行動（此計畫得到了二〇一三年「台新藝術獎」特別獎）。

二〇一三年春天，我們又規劃了淡水老街的再認識，由人稱「阿茂老師」的淡江大學建築系黃瑞茂系主任，親自導覽「穿梭山水之間的城市遊廊」。他與一群有心人士已為淡水美好的生活環境付出二十多年的努力，隨著淡水的觀光發展所面臨的各種問題多如牛毛，住民需要更多的瞭解與關心，才能維護優質的生活。我們的社區面對淡水河、觀音

淡水社區的海納川讀書會，進行品茗活動。（楊雅棠 攝影）

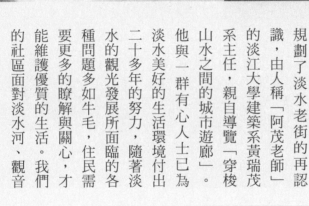

愛鄉，愛土，愛讀書，找到真實有味道的生活。（楊雅棠 攝影）

山，加上淡水老街多元的巷弄文化，一整個上午走動下來，豐沛的幸福感油然而生！

正確認識好事，做對的價值判斷

台灣各地持續土地開發、興建大樓，新的造鎮行動也讓許多人或離鄉或遷居，情感也跟著牽動拔起，雖不致如同失根蘭花般的飄泊，卻也是記憶的失落。對於住居環境的適應，不只在房舍內，周邊的風俗民情如有機會多認識，也可重建感情，為自己也為下一代創造新的鄉土情懷。

以讀書會的方式去認識社區、居民、土地……，在善意且無利害關係的情況下，社區居民間的感情漸漸蘊釀滋長，可以找到真實有味道的生活。愛鄉、愛土、愛山水，生命的豐潤厚度也因之而來！

然而，發展中的社區生活也不盡然如此和睦，人與人之間的現實利害關係，總難免造成小磨擦，或因不同見解而衝突。松下先生說過：「做為一個現代人、經濟人、社會人，對事物的價值判斷是否適宜，是非常重要的問題。」

素直友會裡的卓慧文會友告訴我，她如何在她的社區大樓裡參與管委和主委的故事。她說：「要以當管委為榮，自己的態度要得當，不然費心為大家做事也無法被接納。組織讀書會是很好建立共識、提升住戶視野的方法。」

種籽林月碧也當過管委，碰過許多不講理或不同生命經驗的鄰居，她說：「我都以素直手帖內松下先生說的話提醒自己：事實只有一個，但要從事實明確的那一方面看，結果會有很大的差異。我總是很素直——憨憨去做就是了！」

在生活中找到價值，需要大家共伴做伙，社區內的讀書會是很好的模式。心存「素直」，不必強迫，也不必拘泥。素直地去修己也助人，自能在生活中創造價值，活得平安幸福。

10 大愛

讓生活充實圓滿

所謂大愛，就是能將人類與生俱來的愛心、慈悲心發揮淋漓盡致之心。

其實基督教、佛教等宗教的教義，與松下幸之助先生提倡的素直心的本質很接近，都在喚起人性的良善，宣揚人間大愛，落實真善美的精神。

松下先生期待的幸福，是全人類的幸福，在於把人類與生俱來的能力、天分發揚光大在日常生活中。他常說：人類是偉大的，人們若能正確瞭解自己擁有的本質，以素直之心，不受利害得失或感情的束縛，努力發揮天賦並能廣集眾智，人類追求的繁榮、和平、幸福就會實現。

愛心似甜點，美善為期許

二〇一二年歲末，我與一群佛光人走在法國塞納河畔，一邊讚歎巴黎古城的文化內蘊，一邊感懷時光飛逝。逢年關將至，美景當前，人生際遇難得，把握需即時。望著塞納河的河水川流不息，大家詩興大起，一起來吟首詩吧！從右岸走到左岸，一人一句，詩就這麼寫出來了：

塞納河畔雨紛紛
舊地重遊思親人
情深深　雨濛濛
前人足跡伴我遊
冰冷空氣甜點暖心頭
只要有甜點
再苦的悲痛　都有得解

之後，我們坐在左岸的咖啡館裡，就用這首詩當討論材料，當下就開起讀書會了。李玉奇說那年她和先生、孩子同遊巴黎，不由得想家了；拉小提琴的 Serena Chen 說，當年在海外學音樂，只有猛吃「甜點」才能紓壓；李玉仙說她每天清晨唸佛，一天都平靜；大家談起甜點、唸佛、運動、自己、他人……，每個人心中的「善念」、「愛心」都被勾出來了，有傷痛也有歡喜，有辛苦付出也有甜蜜回報。人間的溫暖，就當是「甜點」暖心頭，繼而將「甜點」的意義延伸為人世間的「光亮」與每個人「美善的期許」。在歲末時節裡，祈願自己的生命中常常有「甜點」，而自己也能成為別人的「甜點」。

塞納河畔，我們以「詩」為引，討論起善念的「甜點」。

這就是讀書會的魅力，經過討論後的詩，交融著參與者的生命，意境與價值就顯現出來，生命能量也跟著提升！

讀書會在宗教團體裡生根

佛光山的「人間佛教讀書會」，是星雲大師在二〇〇一年為期許佛教徒的進步而創立的，希望廣大的群眾透過讀書會來聽經聞法。二〇〇二年三月在台灣的金光明寺，PHP素直友會與佛光山人間佛教讀書會結盟合作，誓願一同在人間推動閱讀，創造書香社會。佛光山的人脈資源豐富，在海內外推動讀書會成效很高。現在無論走到那裡，常可聽到人說「阿彌陀佛」、「吉祥」或合掌問訊，顯見台灣社會對佛教徒的接納度提高了，而參加讀書會在佛教團體裡也已蔚成風氣，大家不再視「讀書」為畏途。

這次來到法國巴黎，就是「讀書會」的因緣，我應歐洲總住持滿謙法師之邀，為佛光山歐洲道場僧眾主講「讀書會帶領人培訓課程」。歐洲地區的信仰以天主教和基督教為主，且有千年以上的歷史，文化及國情、語言、律法也各異。佛光山的法師們當初在這麼一個非佛教信仰的地區弘揚佛法，有許多法令、地域上的困難與限制，全靠星雲大師的宏願大愛，以及多位法師的毅力精神，不間斷地努力推動。

二〇一一年開始，我帶著素直種籽講師群為「德噶JOL讀書會」培訓帶領人。推廣「開心禪」的詠給．明就仁波切，寫了兩本很棒的書：《世界上最快樂的人》（橡實文化出版）和《你是幸運的》（眾生出版）。如何將「讀書」與「開心禪」結合，正是德噶JOL讀書會的宗旨。禪修是現代的顯學，加上閱讀，可將仁波切的理念深入信眾內心，帶出平和的氣質。我與種籽群也因為教學所需，跟著進行禪修的學習，在生命的修行路上多開了一扇門。

前些年遊歷中東回來，對《聖經》非常嚮往，幸遇基督教教友鍾淑媛等人，共組「遇見讀書會」，隔週聚會。我們用讀書會的方式讀《聖經》也進行討

「遇見讀書會」以《聖經》的研讀為主題。（楊雅棠 攝影）

論，慢慢地進入耶穌基督的世界裡。這又是另一種學習的境界，內心充滿喜樂平安！

讀書與讀書會都是非常自然又貼近自己的生活方式，我愛讀書會的群體讀書共樂，我也愛清晨一個人面對山水讀書冥想。因為讀書、讀書會，我的內在充實又圓滿，我的生活平靜又多姿，我的世界貼近又遼闊。

II

十位讀書人

十位讀書人，十位在基金會敏隆講堂授課，喜歡讀書而卓有成就的人，
敘述他們對讀書的情懷與心路歷程，是一種典範分享，
透過他們的讀書經驗，看到不同「閱讀」的箇中美妙滋味。
更有與素直友會淵源深厚的朋友，見證二十六年來的點點滴滴。

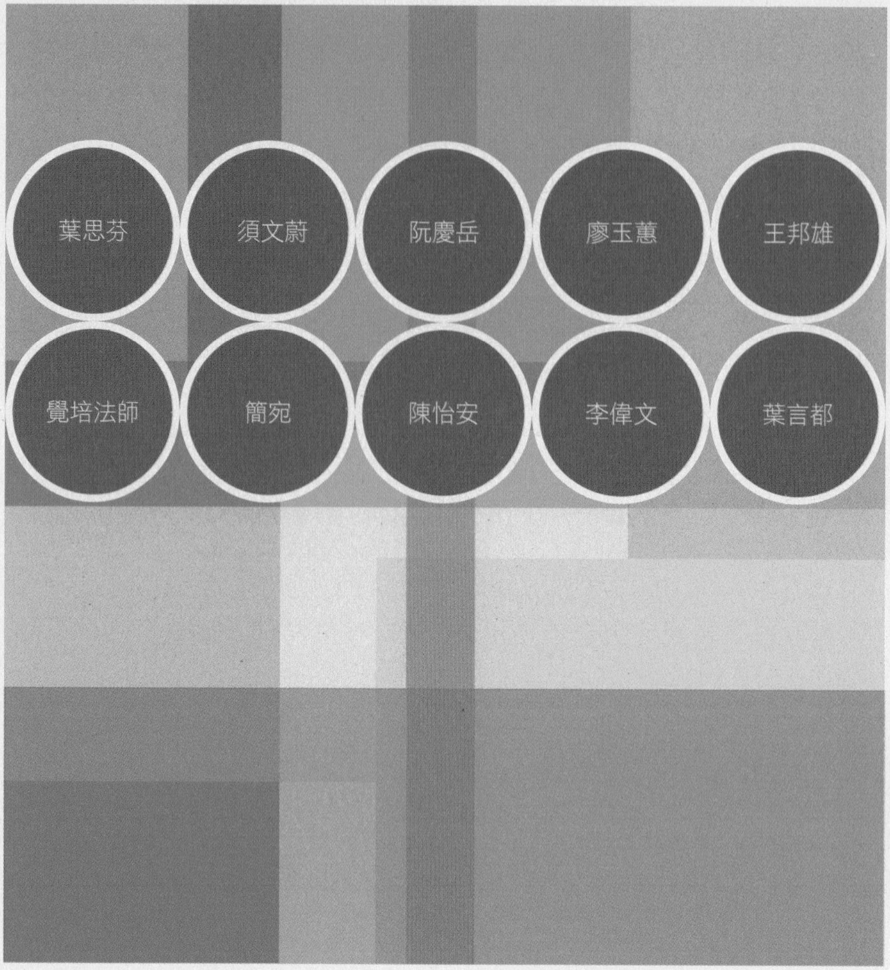
葉思芬
須文蔚
阮慶岳
廖玉蕙
王邦雄
覺培法師
簡宛
陳怡安
李偉文
葉言都

「素直」理念的經典解讀

文／王邦雄

每週都在「素直友會」的大本營（洪建全基金會敏隆講堂）行走，對於「素直」這一組日語漢字的意涵，一直放在心中而不得其解。「素」是素樸，而「直」是正直，二者各有指涉，本來互不相干。今「素直」二字共成一語彙，可能是既「素」且「直」之意，二者分量等同。由於台、日皆屬漢字文化圈，「素直」這一辭語，可從傳統經典來解讀，「素」偏向道家的生命理念，而「直」當屬儒家的價值理念。

老子有云：「見素抱樸，少私寡欲。」此從「少私」說「見素」，從「寡欲」說「抱樸」。「少私」是解消心知對自我的執著，「寡欲」是化掉人為對欲求的造作。心知不執著，人為不造作，人回歸人的自然，就是「見素」；物回歸物的自然，就是「抱樸」。老子又將「復歸於樸」與「復歸於嬰兒」並列，樸是鄉土的素樸，嬰兒是生命的天真。人生路上，少年的成長與中年的創業，都面對激烈的競爭，分數主義的爭逐，讓童年失去了天真，而功利主義的奔競，也讓鄉土失落了素樸。所以，老子要我們「致虛守靜」，致虛可以少私見素，守靜也就可以寡欲抱樸了。

《論語》引《詩經》「素以為絢兮」，來解說「繪事後素」的道理，繪畫時要先敷上色彩，再用素筆勾勒出線條，以凸顯全幅畫面的輪廓。所謂「素以為絢兮」，意即以「素」為「絢」，因為素色反而可以襯托出色彩的絢麗。人生在走過巔峰之後，化絢爛而為平淡，讀點不為升學也無關創業的閒書，回顧一路走來的坎坷與風光，細細咀嚼，再以生命來解讀印證，什麼都走過來了，什麼都可以放下，雖時光飛逝，此生已無憾。就好像茶道品茗，在烏龍、武夷、鐵觀音、普洱一一品味之後，再喝口白開水，把藏在舌根深處的茶香韻味，又重新喚醒回來一般，讓人回味無窮。

孔子說：「人之生也直。」又云：「質直而好義。」此言「人之生」，正與「性相近」的意涵貼合，而此天生而有的相近之性，就在人人皆有正直的性向，落在人間就表現在「好義」上。「義」是人間的價值標準，在人我愛心的交會間，要尋求人人都可以認同，也都可以接受的可能空間，這就是所謂的公義與正義。「質直而好義」意謂正直的人，一定要做「對」的事，這樣才合理，此所以「義」總要與「理」連結。

「素直」兩大理念，看似儒道分家，也可以儒道會通，而解讀為只有「素」

的人，才可能「直」。「素」是我什麼都可以不要，不要名利，也不要權勢，才可能順應人性的正直，直道而行，在是非紛擾的人間街頭，說句公道話，也才有公信力。

老子說：「曲則全，枉則直。」「曲」跟「枉」，指謂的不是實質上的委曲與枉屈，而是心知執著的解消，與生命自我的放下。解消看似委曲，放下也跡近枉屈，「曲則全」意謂在看似自我的委曲中成全人間道義，「枉則直」說的是在看似生命的枉屈中顯現人格的正直。此以道家的「素」，實現儒家的「直」，以道家「素」的智慧，實現儒家「直」的理念，以免直道而行的陽剛氣，在人間衝刺，而引發人我之間的對抗與傷害。

由是而言，書中引述「素直」的十個價值，都可在儒道兩家的理念詮釋與智慧開發中，找到源頭活水。「自然理法」是道家「道法自然」的無為治道，「順應天理」則是儒家「士志於道」的使命擔當，兩家統合，就在自然的「素」樸中，朗現人性的正「直」。

從讀書會的功能運作來看，「素」的底蘊在不問功利實

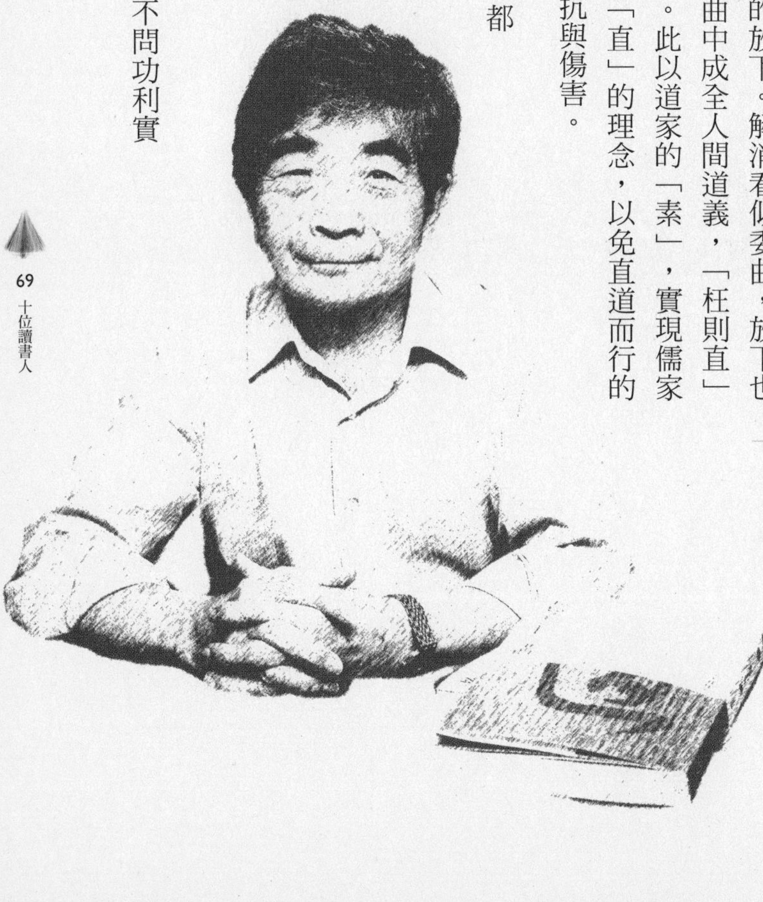

王邦雄，師範大學國文系、文化大學哲研所畢業，獲國家文學博士學位。曾任鵝湖月刊社社長、中央大學哲研所所長，現任淡江大學榮譽教授。著有《老子道德經的現代解讀》、《老子十二講》、《莊子內七篇・外秋水・雜天下的現代解讀》等書。

效，只求適意自在，純然讀書而不涉其他。所謂「解讀」，就在讀書中解開心結，而釋放生命，此已不是我去讀書，而是書來讀我。

我喜歡書中所說「愛讀書也愛遊戲」這一句話，此等同孔子所說的「游於藝」。「藝」就在詩書禮樂的生活形式，「興於詩，立於禮，成於樂」，少年讀詩以興發心志，中年依禮以挺立人間，老年成於樂音化境。重點在「游」，藝術所以生發美感，就在無心的觀照，而照現世界的真相，與人間的真情。從道德的擔負，知識的鑽研，與實用的講求中超離出來，人文活動的本身就是目的。孔子說：「發憤忘食，樂以忘憂，不知老之將至云爾！」發憤忘食，是把自我的成長與生命的安頓，當成首要之務。樂以忘憂，則是在成長與安頓的美好中，忘卻人生的煩憂與悲愁。而最大的憂愁就在老之將至，甚或老之已至，時光無可倒轉，沒有人不在歲月中老去，可能翻轉的只在我們自家的心境。「游於藝」就在每一當下的適意自在中，優游自得。

再說「直」的延伸，就在只讀我可以讀，且喜歡讀的書；值得一讀再讀，而自家受用的書；且每讀一回心靈就有體悟，生命就有進境的書。故不必求多樣，也不想趕進度，不是學者專家的學術研討，也不是研究生的質疑問難，有如遊山玩水，發現風光絕妙處，就可以佇足觀賞半天。「直」在敞開心懷，坦然面對自己的無所知，卻勇敢地說出自己的心得，且聆聽諸多不同的觀點，來豐富自家的生命內涵。這一人人參與，人人分享的讀書會，才可能長久。依我的觀察，讀書會很難長久，原因在偏向知識的攝取，而少有心靈的滋潤與生命的回饋，故一鼓作氣，再而衰，三而竭，熱情冷卻之後，轉為茶話會或聊天會，終究自我異化，而掉落在無話可聊的窘境。

以是之故，不論是松下幸之助先生，還是證嚴上人，人的一生就是一本好書，「讀其書，不知其人可乎」，故讀的是他們一生感人至深，而值得借鏡的事蹟。也不論是素直友會，或是佛光讀書會，只要讀的是觸動心靈而安頓生命的書，都可以寄身其間，與時偕行，且同步成長，或許這就是所謂的「逆齡」與「成功老化」的深意吧！

在台灣鄉土，童少有「讀經班」，中壯有「解經班」，而「逆齡」之不知年人士，大可把自身定位在「忘經班」，放下經典，轉化而為生活智慧，活出自己既素且直的美好人生。

讀出最多層次的意義

文／廖玉蕙

小學時，因為難以適應轉學之故，生理抽長和敏感心思的頡抗、拔河，堪稱無日不有之。於是，躲進閣樓裡，藉著作家編織的故事，哀哭、駭笑，和小說、散文中人同悲喜、共愛憎，從小學到高中，幾年之間，由無知幼稚逐漸轉為娉婷善感。

當時的閱讀，堪稱隨性之所之，全無章法。格林童話率先攻佔我的閱讀城堡；接著，被艾德蒙．丹諦斯和西斯克立夫的復仇火燄所席捲，母親從租書店租借的大仲馬《基督山恩仇記》、愛蜜莉．白朗特《咆哮山莊》中峰迴路轉的情節，讓我們母女二人癡迷不已。

瓊瑤小說席捲書肆的年代，正當我初中一年級。小說裡所醞釀的恍惚迷離情調、哀感頑豔愛情，恰恰吻合慘綠少女的傷春悲秋胃口。接著，在台中女中的圖書館裡，我發現了廣闊的新天地。夏綠蒂的《簡愛》，是我在女中圖書

讀書是：每讀一回心靈就有體悟，生命就有進境。（楊雅棠 攝影）

館借閱的第一本書。夏綠蒂早慧憂悒的抒情風格，飛快地擄獲了我的視線。身世坎坷的簡愛，靠著堅強的意志克服環境的艱難，完成學業並找到家庭教師的職務，與年長她近二十歲的桑菲德主人洛查斯特先生展開一段驚心動魄的愛情。我立即在小說人物中找到寄託，初中一年級時，便決定了當老師的志願，打算踏著簡愛的足跡，和她一樣，邊教書，邊尋找生命中的最愛。

而圖書館裡這臨窗一坐，悠悠便是數年。一本又一本的小說在指尖翻過，從西方文學經典如瑪格麗特．米切爾《飄》、托爾斯泰《安娜．卡列尼娜》、珍．奧斯汀《傲慢與偏見》……，到中國民間故事與古典傳奇如《紅樓夢》、《三國演義》、《聊齋》……；乃至台灣現代文學如林海音《城南舊事》、於梨華《夢回青河》、聶華苓《失去的金鈴子》……。日日，我俯看書裡乾坤，仰望窗外白雲，編織美夢、打造未來。

高中之後，學校圖書館的藏書已經難以饜足我的需求，但經濟狀況又不容許我購買課外讀物，除了持續向街角租書店靠攏外，下課後，我急急衝向中央書局，站在書架前翻閱，一站，往往就是一整個黃昏。蠶食鯨吞的結果，終於在離開台中後十八年的某個春日開花結果，我開始提筆寫作，一發不可收拾地出版了四十餘本書。

熟悉我寫作題材的讀者，或許可以從中看出當年文學啟蒙的蛛絲馬跡。我的閱讀從西方文學開端，穿越古典的藩籬直達當代的台灣；我一直偏愛有情節的小說，所以，即使選擇散文寫作，筆下常不自覺流露班雅明所謂的「說故事人」的觀點，期待喚起我們曾經珍惜的社群互動關係。我也深受狄更斯的影響，篤信：

「在黑暗中受苦難的人，沒有悲觀的權利，但一定要保持純真的心，對生命抱持希望。」

就是這樣的信念，造就了我樂觀的性格和一貫的作品風格。

在台中求學的七、八年間，原本是我人生歷程中最為苦悶的階段，人際疏離、課業崩毀，在聯考緊箍咒的挾持下，幾乎無力撐持。幸虧有文學一路陪伴、相挺，苦悶抑鬱的心靈，才稍稍得到抒解，我必須坦承：從閱讀中，我得到高度的救贖。直到如今，閱讀仍然帶給我極大的快慰，我們彼此不棄不離，關係纏綿繾綣。從純真年代到滄桑中年，閱讀的快感永遠是我生活中最美好的記憶。

以此之故，我一向大力鼓吹閱讀，在學校的授課，在校外的

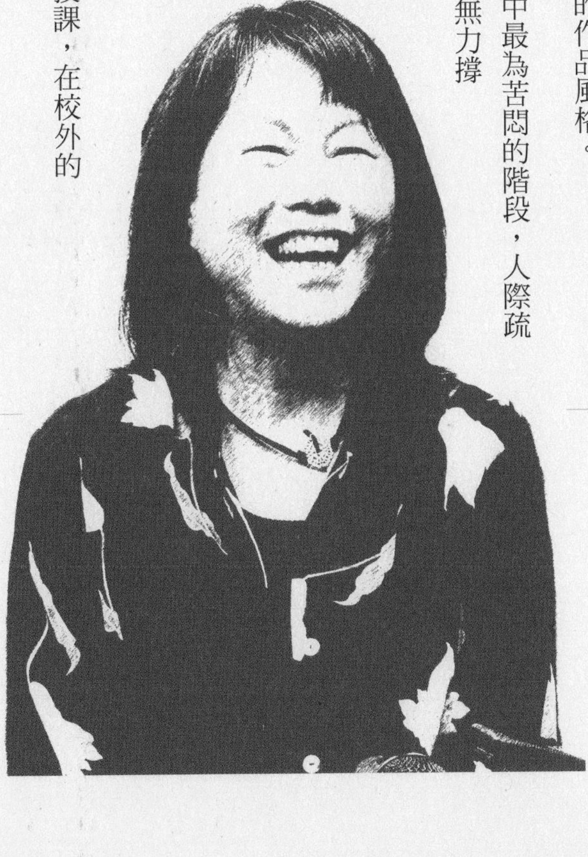

廖玉蕙，作家，曾任國立台北教育大學語文與創作系及研究所教授，講授現代文學及古典小說、戲曲。著有散文、小說、繪本、論文計四十餘冊，作品被選入國、高中課本及多種選集。曾獲中山文藝獎、吳魯芹散文獎及中興文藝獎等。

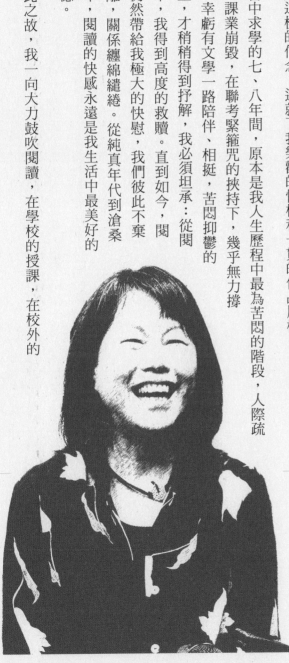

演講，在各種場合的座談，一逕訴說它的美好。但我必須承認，個人單打獨鬥的一路閱讀，固然可以排遣寂寞、得到救贖，但如果能透過讀書會的切磋琢磨，非但可省卻盲目摸索的時間浪費，也將因為彼此的分享生發，而有更加豐實的收穫。

我一向深信，深刻的閱讀可以訓練多元思考，從而說服我們承認除了自己的觀點之外，還存在著其他的觀點，好的文章往往具多角度詮釋的可能。如何藉由齊聚一堂的閱讀，尋找出作品中最多層次的意義——包括生命處境的共鳴、生活意義的豐富及情操的提昇；進而培養海納百川的胸襟和容易看見美好的性情，也許能讓閱讀發揮最大的功效。

3 就繼續閱讀下去吧！

文／阮慶岳

我一直以為，是因為從小害羞導致我與書的姻緣。因為害怕應對大人和小孩，就不斷以書掩面，鴕鳥般迴避這樣的壓力。

但日後年紀長老，有時逐漸會回顧起幼年時自我的身影，開始懷疑那個害羞的男孩，是不是有可能根本是真的愛閱讀，而害羞只是使他可以更理所當然閱讀的藉口呢？

我在小學一年級剛開學沒多久，得腎病被當急性肝炎誤醫，臨死邊緣被送往鄰近大城挽回生命，但一人留住在空大的塌塌米病房，爸媽會在週末輪流來探視我。在康復的過程，我常常一人倚靠木欄干窗台，望著樓下那個陌生街道行走的人車。一天，爸爸告訴我就快可以出院回家了，他用歉疚欲補償的表情說：「告訴我你要什麼？要什麼我都買給你。」

我記得我的回答是：「我要書，我要很多很多書。」

為什麼會要書呢？

到現在依然不能懂得那個七歲男孩的心靈是如何運作的，但是我卻不會忘記返家那日，見到一整大疊新書陳列候我時的興奮感覺。

五年級時，全家由屏東搬到台北，我初歷學習與生活適應的困難。記得學校要選課外活動組別，我唯一的好友堅持要我和他一起加入足球社，我痛苦地考慮了很久，還是選了閱讀社，我也依然不明白是愛書或是膽怯使我如此做選擇。

但我回想那年歲的我，也記得在無人環視不致令我不安時，依然是愛閱讀的。我會看媽媽的《皇冠》、《南國電影》，會日日期盼讀《中央日報》的武俠連載。五年級家住金山街日式房舍，後院一間閣樓給讀高中的姊姊住，我在放學時愛跑到她的閣樓，看遠處落日照在成串灰瓦的屋面上，有貓穿越出入這樣的景色。就在那裡，我無意中發現了瓊瑤的小說《紫貝殼》，書中內容我已經忘了，但我記得自己如何在那個閣樓裡，第一次為一本書涕淚交加。

高中時有一國文女老師，愛在上課一半時突然停住，不說話就轉身在黑板上寫下一句剛掠過腦中的古詩句，也不解釋就又繼續她的講課，我會立刻在課本上抄下這些詩。就是在那時開始迷上了唐詩，我還記得很清楚，有次她寫著「記得綠羅裙，處處憐芳草」的神情舉止。

大一時有個同班好友，上課無聊常相望無奈何，他會突然伏首抄寫，就遞來一闋完整的宋詞讓我解聊，他輕易從肚腹中掏背出一首又一首冗長宋詞的能力，誘引我進入了詞的世界。另一個同學在校園旁的書店打工，有些書太貴買不起，同學會下班時帶出來借我閱讀，讀完再偷偷放回去，那時我沉迷的是像「新潮文庫」的書。

上成功嶺時十二指腸潰瘍，住院時讀完全本《卡拉馬助夫兄弟們》。病床對面有個也年輕的人，每日要被抽脊椎液幾次，每次抽時他的表情都痛苦難忘，我就埋首入我的小說不去看他，有人偷偷對我說他可能活不久的，他卻極樂觀愛逗笑。

出國留學前猶豫要不要帶文學書出國，最後帶了一本陳映真。到了美國第一個聖誕節雪紛紛，校園空寂，學生全回家過節了，忍不住思鄉情緒，把朋友處的一全疊亦舒抱回來讀完，又借了《水滸傳》，一看入了迷，還試著用《水滸傳》的語言寫了篇留學生的愛情故事呢！

阮慶岳，元智大學教授兼藝術與設計系主任，作家，也是建築師。著有《林秀子一家》、《凱旋高歌》、《蒼人奔鹿》等，其中《凱旋高歌》獲二〇〇四台北文學年金獎。二〇〇六年策展《樂園重返：台灣的微型城市》，代表台灣參展威尼斯建築雙年展。

後來到芝加哥工作，想加強英文能力，刻意不讀中文，是我閱讀青黃不接的一段時期，但在芝加哥時是八〇年代中後期，那時開始閱讀到大陸的當代文學，印象很深刻。

九〇年代回到台灣後依舊閱讀，讀文學也讀其他領域的作品，曾經因個戀情，開始大量讀起社會學、人類學的書，戀情後來結束了，卻因此讀了不少好書。在這段時期裡，或是年歲的關係，會把大學時代念過的有些書又翻出來重念，像我前陣子再念托瑪斯曼的《魂斷威尼斯》，就極為震撼感動，與以前看時覺得平淡的感覺大不相同，有些以前極愛的書，現在連去翻開書頁的興趣都沒有了呢！

現在工作壓力太大時，最愛的事就是回到公寓，泡在陽台上的熱水浴缸，喝冰啤酒讀書看山，很多書都是在浴缸裡讀完的。幼年時弄不明白是真愛書還是害羞膽怯，現在也弄不清是真愛書還是更愛熱浴缸冰啤酒，但是管他的，是真是假是藉口都無妨，就繼續閱讀下去吧！

4

閱讀是一場一場的星際旅行

文／須文蔚

八歲那年，經常陷溺在一個夢境中：我坐在一個巨大方塊上，方塊漂浮在外太空中，天幕上有閃爍的星星，四方有許多緩慢飄飛的灰黑方塊，接近我，又飛走。

在沒有科幻電影可看的一九七〇年代，小腦袋裡究竟如何形塑出這麼生動的畫面？恐怕是鄰居大姊姊葉潔宇送的一箱書，裡面那些《封神榜》、《三國演義》、《地心歷險記》等等所影響的。在此之前，我們家的書櫃裡只有《古文觀止》、白先勇的《遊園驚夢》、南宮博的《中國歷史故事畫傳》和一些父親準備特考的會計學教科書。

奇幻的小說總讓人入迷，買不起兒童讀物的窮孩子，就跑到《國語日報》的出版門市，鎖定東方版的少年小說，一個下午囫圇吞棗讀三本，帶著滿滿的故事情節回到家中。絕對是腦神經太活躍了，到了夢裡，總是會偷偷搭乘著巨大方塊升空，漂浮到外太空去。

到了中學以後，閱讀量大了，又讓升學考試折磨，夢中總是怎樣算也算不對的數學，倒是白天的閱讀探險變得更豐富。

中學時期的台北正是威權與開放交替的空間，城市裡到處湧現新奇的文字，特別在溫州街、羅斯福路、汀州路一帶，台人與師大生活圈中，過去懸為禁書的五四新文學、黨外政論雜誌、各色文學同仁刊物乃至左翼的經典論述，都悄悄從禁忌或邊緣的角落現身，或以粗製濫造的翻印之姿，或隱沒作者姓名，飽足一九八〇年代時，學子們好奇的閱讀慾望。

在此之前，魯迅、周作人、沈從文、巴金、老舍等這些耀眼的文壇巨擘，教一紙禁令給冰封在文學史中，就連大學的中文系裡，也乏人研究。高二時，詩人艾農一邊寫作碩士論文，一邊指導中學裡的文藝社團，給同學開了一張長長的新文學書單，由我負責張羅來，供讀書會討論。《吶喊》、《徬徨》、《邊城》、《駱駝祥子》這些現在俯拾可得的名著，可難倒了一個中學生。

在高二某個週末午後，信步從羅斯福路轉往東南亞戲院，在兩旁盡是小吃、成衣攤販的小巷道中央，站著一個黑衣男子，瘦削白晰的臉上，架著一副黑框眼鏡，身前擺著一只007手提箱，裡面放著一疊疊書，我好奇往裡一瞟，居然有魯迅的小說。

黑衣男子用特務交換情報的謹慎，低聲推銷《吶喊》、《徬徨》、《阿Q正傳》給我，還附贈《關於魯迅》的史料彙編一冊。我興奮地接過書，翻讀翻印自香港，字跡有些模糊的書頁，當下掏出錢買了下來，順便帶了沈從文的《湘行散記》。

臨走前，男子說：「我下週還會來，不一定在戲院旁，也可能在台大附近。」

我記下了特務先生的囑咐，可是從此在溫羅汀一帶瞎混，再也沒見到他的蹤跡。倒是從那個時候起，翻版的二、三〇年代文學開始大舉出現在台大附近的書攤上。販賣禁書成為一股挑戰權威的知識力量，禁書攤有的擺在騎樓下，更妙的是有書商乾脆用貨車載書來，掀開帆布篷，不但有錢鍾書、沈從文、老舍、蕭紅和茅盾的小說，就連《資本論》也赫然在列。

記得有次近傍晚時，先到麥當勞買個漢堡解解饞，一邊啃食，一邊翻閱攤上的書，自詡前進的老闆冷冷道：「你吃得不錯，過得倒挺腐化的！」嚇得我在禁書攤前挑書，再也不敢手拿西方資本主義的速食。

一九七〇到一九八〇年代之交在溫羅汀逛禁書攤，固然頗為刺激，其實在

須文蔚，現任國立東華大學華文文學系教授兼系主任，花蓮縣數位機會中心主任。曾任《創世紀》詩雜誌主編，《乾坤》詩刊總編輯。創辦台灣第一個文學網站《詩路》，是華語世界數位詩創作的前衛實驗者，集結創作與評論在《觸電新詩網》。

舊書舖子挖寶，更會見到一些「隱姓埋名」的好書。汀州街上的「公館舊書城」從靠近公館圓環邊上開始，到如今搬到汀州路三段，一直都是我蒐羅書籍的重要據點。高中時買到精裝本魯迅的《中國小說史略》，或是馮友蘭的《中國哲學史》，都沒打上作者姓名，買的時候根本不識貨，買後束之高閣，應付聯考去，等上了大學後，拿給中文系的老師鑑定一番，才知道原來是大師手筆。

「公館舊書城」的吳老闆整理書籍的本事一流，狹仄的店面裡，品類清楚，特別是文學書籍，依照開本排列，井然有序。窮高中生一個星期只有兩百元的零花，所以目標就鎖定七〇年代初頗為流行的三十二開本「口袋書」，像是文星書店、大林出版社、晨鐘出版社的系列作品。舉凡余光中的《左手的繆思》、《逍遙遊》，王文興的《龍天樓》，施淑青的《約伯的末裔》，王尚義的《狂流》，林海音的《作客美國》，何凡的《不按牌理出牌》，於梨華的《變》，白先勇的《遊園驚夢》等，多半折扣後，一本只要十到二十元，當時閱讀成癡的少年，一舉能多帶幾本書回家，自然不會放過。日後這些見證現代主義文學風潮的出版品，還能供寫作論文的研究生參考，倒是始料所未及的。

窮小子除了在舊書攤翻找文學經典，看看過期黨外雜誌外，偶爾走進「香草山書屋」或是「書林書店」，都會有莫名的驚喜，找到文學圈同仁雜誌發行的刊物，或是詩人自行出版的詩集。特別是香草山書屋，本來在傅園旁，後來搬到對街上，作家託售的詩文集，多半放在矮櫃子裡，俯身尋覓，找到心儀的書籍，到櫃台結帳時，體貼的店主人會放進一張精美的書籤，上面寫著泰戈爾的詩，配上精美的插圖，讓人難忘。

更讓人印象深刻的是，一個毛頭小夥子出入書店，老闆、店員照樣不怠慢，代客人找書之餘，談文學、出版都生動不已。還記得一九八三年白先勇出版《孽子》時，走進一家書店，店主人還能和客人討論小說情節，順道推銷其他的小說。相形之下，現在逛連鎖書店，簡直索然無味極了，向店員詢問書籍，往往還要查詢電腦，絕不會有店員和客人談論文藝了。

就在我高中生涯快要結束前，一九八三年金石堂在台北汀州路成立了台灣第一家大型複合式連鎖書店，嚴重衝擊了溫羅汀一帶小書店的生意。「香草山書屋」結束營業，九〇年代初「書林書店」的店面也搬到新生南路上，轉型專賣外文書，同仁刊物寄售也就益發困難，有味道的獨立書店悄悄減少。無論出版環境如何蛻變，閱讀的喜悅始終就像一場一場的星際旅行，私密、緩慢，讓人感到富有。

因為癡迷文學，竟然可以在法律系和新聞研究所畢業後，到華文系任教，有緣到敏隆講堂客座，日日讀自己喜愛的現當代文學經典，再把動人的故事與感動交接給台下的學生和聽眾，我總覺得自己幸福無比。尤其是經典作品，每次重讀不僅有舊地重遊的溫馨，也都顯現出年少時忽略的思路與意涵。我喜歡卡爾維諾的說法：「經典之書能帶來特別的影響，無論是它們深深銘刻在我們想像之中難以忘卻，還是隱隱藏匿於層層記憶之下偽裝成個人或集體的無意識。」

前幾天，我又夢見自己搭乘方塊升空。這次我終於發現，每個立方體是一個鉛字。原來從童年開始，飄飛在空中的我一直津津有味閱讀著，品味字背後的意思，繼而忘了宇宙的寬闊，也從不覺得恐怖。原來閱讀經典，就是不斷地重讀，就是一場一場星際旅行，新奇又永無止境。

5 因為閱讀，而善解；因為分享，而包容

文／葉思芬

閱讀是孤獨又豐盛的腦力遊戲

閱讀是一種能力，而且是高智能生物才能具備的能力。譬如說，有一個國中男生在讀一本金庸的武俠小說；旁人看來，他只是捧著書，靜靜坐著。但是對這位小男生而言，一行一行的白紙黑字，透過眼睛，進到腦海，瞬息即轉換成充滿聲音、充滿動作的電影畫面。隨著故事進行，一幕幕雄渾壯闊的打鬥場面，或者一齣齣纏綿悱惻的愛情戲碼，在腦中熱鬧上演著。這位國中生當下是導演、是攝影師，同時也兼任音響、布景、道具、燈光、化妝師等專業任務。當然，他責無旁貸的還是角色吃重的男主角。

他靜靜坐著，但是身心完全溶入在那個虛幻卻真實的世界中。這種「阿凡達」式的孤獨卻又豐盛的腦力遊戲，會在閱讀中獲得無比的滿足。

當然，獨樂樂不如眾樂樂，讀書會是更進階的腦力激盪。茫茫人海中沒有早一步，沒有晚一步，剛好遇上了。大家坐下來，藉由書本，交換閱讀心得，也交換彼此人生經歷；偶而迸發出來的心情故事，總是讓分享的朋友笑中帶淚，戚戚在心。

閱讀是一種心靈探險

有一則寓言故事：在一場上帝指定的比賽中，一隻小麻雀因為站在老鷹的背上，結果成為眾多奮力飛行的禽鳥中飛得最高的奪魁者。由此聯想，書架上每一本書，如同一隻隻昂首待飛的鷹。只要我們願意，我們隨時可以跨上鷹背，飛往浩瀚無際的宇宙。超越空間、時間，遨遊於現在、過去、未來，探訪熟悉、不熟悉、甚或全然陌生的各色文化、歷史、人情、心情……。如果說，「人因思想而偉大」，那閱讀是「人因書本而自由」。

隨意進出各樣人生，刺激卻又安全，堪稱是完美的心靈探險。而探險的旅程可以孤獨，但如果有知己相伴，更能激發勇氣與樂趣。試想，好風好水處，有人分享；峻山危嶺間，有人拉拔。這其中的美好與感動將達更高層次！

讀書會展卷而讀，就是一張書桌，就是十數人圍坐，但我們的心靈無限寬廣、自在。

「午后書房」與我

在「敏隆講堂」開課，是美麗的因緣際會，「午后書房」是那則美麗上的一抹釉彩。

「午后書房」是我個人參與過最認真、最優秀的讀書會。不知為什麼，每當走入書房，看到大家容光煥發、眼神晶亮，就會有「這是一支精良的特種部隊」那種錯覺。事實也是，不管隨意提及哪本書，她們即刻訂書、分工、閱讀，效率之高，令人驚歎。容易上手的書，大夥談笑風生；艱難晦澀的，則全力以赴。至今還沒有一本書籍被「午后書房」敷衍了事。也因為如此，常常一個講座尚未開講，「午后書房」的朋友已經給我好些啟發。很多時候，她們是我的老師。

最常聽到的話

前陣子，當大家噓唏感慨於《金瓶梅》世界中，眾多女子整天只能勾心鬥角、艱難度日時，會聽到某一位朋友悠悠出口：「她們就是沒有讀書會。」這個夏天，當大夥低迴在《長恨歌》中那位「上海小姐」四十年寂寥、淒苦的生

葉思芬，台灣大學中文系學士、台灣大學史研所中國藝術史碩士，曾任台北醫學院副教授。現於敏隆講堂開課，與諸多喜歡文學、藝術的朋友共享心得；誠摯相信：人生因為閱讀而自在。

涯時，又會聽到：「她那時候，就是沒機會參加讀書會！」

可不是嗎，讀書會在紛擾的人世間，為每一位悅讀者，營造了一方心靈的淨土。我們因為閱讀，而善解；因為分享，而包容。是為記。

6 讀書的純粹理性分析

文／葉言都

人應該讀書。因為：

世界如此寬廣，也如此複雜；如此美好，又如此醜惡；如此真誠，又如此詐偽；人則生於其間，長於其間，活於其間，死於其間。

世界的變動如此快速，近年更如此之甚；人生活在世界上，也就生活在愈來愈快速而劇烈的變動中。

世界的變動雖然快速而劇烈，運作的原理原則卻亙古如常，自然界的如此，人文界的亦然；人生活在世界上，也就生活在永恆運作的原理原則之下。

就在當下，不知有多少人正在全世界各個角落，為一心執著的理念，默默地艱苦奮鬥；不知有多少思考與計畫，正因為人類的好奇、抱負與欲求，在艱苦奮鬥下化為實際。然而，當一部分人正在全力拚搏，有所作為，甚至壓抑欲望，有所不為的時候，另一部分人卻仍然不知不覺，在不受控制的本能與備受控制的資訊下，一天天過著渾渾噩噩的日子。

顯然，人活在這個世界上，如果想要脫離不知不覺與渾渾噩噩，以自己比較能夠選擇的方式生活，就需要先瞭解這個世界，瞭解它的多樣面貌、美醜真偽、運作原則、變與不變，然後才會產生選擇的基礎與能力。

顯然，靠一個人本身直接的經驗與智慧，無法充分瞭解如此的世界。因此，人有必要借重別人的經驗、思維與智慧。

別人的經驗、思維與智慧，以各種符號體系保存在各種媒介中，其中文字系統是久遠年代以來負載內容最豐富，瞭解也並不太困難的資訊符號體系。以文字符號系統記載人類經驗、思維與智慧於簡冊、羊皮、紙張或類似載體上的成品，就稱為「書」。

所以，人應該讀書。

∞

志同道合的人共同讀書，將更有效果。因為：

讀書必先選書。書很多，而且愈來愈多，人的生命與時間卻有限，有限的時間應該去讀值得自己讀的書。因此志同道合的一群人共同蒐求、彼此推薦大家覺得應該讀的書，是合理的選擇。

每個人的經驗、思維與智慧都不相同，從同一本書裡得到的領會、感想與啟發也不相同。大家一起讀書，可以就同樣的主題交換不同的經驗、思維與智慧，因此在獲得領會、感想與啟發上將事半功倍，成效較大。

8

讀書的風氣需要有人提倡，讀書的管道需要有人提供。因為：

願意讀書、喜歡讀書也實際去讀書的人愈多，整個社會對世界環境的瞭解就多，愈有利於這個社會的存在與發展；但讀書的重要性，一般人未必清楚與正視，因此若要讀書成為風氣，需要有人提倡。

提倡讀書之道，一方面在宣揚讀書的理念，增加願意讀書的人口；一方面在建構廣為人知的平台，容納任何有志讀書的人在此相會，以便各種志同道合的人組成各個讀書

葉言都，東吳大學歷史系與通識課程兼任助理教授。時報文學獎科幻小說、推理小說首獎得獎人，著有《台海分治初期兩岸報業比較分析 1949-1958》、科幻小說集《海天龍戰》、推理小說《1649》（改編為電影「遊戲規則」）等。

會，共同讀他們希望讀的書。

這個平台還應該保持中立，以宣揚讀書與提供讀書管道為唯一目的，不宣傳任何特定的思想，也不被任何政治、宗教、經濟、文化等理念左右。

∞

以上的論述，如果要在台灣找到最理想的實踐範例，那就是素直友會了。二十六年以來，素直友會宣揚讀書理念與促成各種讀書會的作為與成就，就是以上論述應行與可行的證明。

在此台灣感性氾濫、理性光輝不顯的今日，謹以此純粹理性分析之文，賀素直友會二十六年。

7

閱讀的無限可能

文／李偉文

雖然《圍城》的作者錢鍾書曾經這麼提到有關讀書與做學問：「學問乃是荒江野老屋中，二、三會心人商量得之之事。」但是，我總覺得，閱讀這件事不管是獨自一人，或是與二、三會心人，甚至與更多朋友一起討論與分享，都各自有不同的樂趣。

在台灣有個令人百思不解的矛盾，雖然今年文化部公布台灣民眾平均每年每人購書量遠低於亞洲幾個鄰國，但我卻始終覺得台灣的讀書會數量之多，以人口平均數而言，若非數一數二，也絕對名列前茅。不管在社區裡、企業裡、社團裡或三二好友登高一呼，便形成台灣各式各樣、或大或小、種類繁多、熱鬧異常的讀書會文化。

一個不太習慣買書的社會，卻有這麼多的讀書會，我想洪建全文教基金會裡的素直友會的推動，應該是主要原因之一吧？素直友會長期舉辦讀書會帶領人的培訓，也輔導示範了許多不同的讀書會形態，呈現出閱讀的豐富與無限的可能性。當然，這又得歸功於其中的靈魂人物簡靜惠董事長，因為她那單純的心意及寬闊的襟懷，影響了許多人，也鼓勵了許多人，秉持著分享的精神，自然而然且理所當然地去做她能做的事情。

閱讀，在簡董事長眼中，當然不只是怡情養性的工具，更是探索世界、服務社會的起點，所謂「風聲雨聲讀書聲，聲聲入耳；家事國事天下事，事事關心。」她曾說：「心存素直，多管閒事。」鼓勵大家參與公共事務，做個現代公民。

我非常認同簡董事長的理念，我自己在民國七十幾年的時候也成立了一個讀書會——「民生健士會」，從閱讀到關懷社會、關懷環境，大夥兒跨出獨善其身的個人舒適圈，進而籌組了「荒野保護協會」，號召民眾閱讀大自然，守護大地。

簡董事長一輩子推動閱讀的內心充實又圓滿，平靜又多姿，與世界貼近卻又遼闊，正如生活中享受獨處又樂於與眾人分享。我相信，這種心情是所有愛書人所共通的。因為書，我們

李偉文，作家，湯城牙醫診所負責人，荒野保護協會榮譽理事長，行政院國家永續發展委員會委員。以「閱讀、朋友、大自然」為生活重心，透過寫作分享學習心得，在《聯合報．元氣周報》、《國語日報》、《親子天下》、《康健雜誌》等都有專欄。

有自己的精神世界，就不會再困於現實的物質世界，「閱讀」本身就是人生最棒的獎賞。

英國作家吳爾芙（Virginia Woolf）曾在《普通讀者》（*The Common Reader*）一書中描寫：

「……我往往夢見在最後審判那天，那些偉人、那些行善之人，都來領取皇冠、桂冠或永留青史的榮耀等獎賞的時候，萬能的上帝看見我們腋下夾著書走近，便轉過身，很羨慕地對著聖彼得說：『等等，這些人不需要獎賞。我們這裡沒有任何東西可以給他們。他們一生愛讀書。』」

我相信這二十六年來與素直友會相遇，與書為友的朋友，都能深深體會這段話。大家都是有福分的人哪！

8

兩愛貫串，讀書中有遊戲之趣

文／陳怡安

接到這本《一本真情：我在讀書會等你》文稿後，我邊閱讀，也邊同遊，嚮往於靜惠這二十六年來，以陽光的胸懷、素直的價值、讀書的意義，發軔、帶動和推廣無數的讀書會。整個發展過程，驗證著松下幸之助先生所體悟的「素直」，正是心同理同的價值。於是素直讀書會如雨後春筍般，遍地生成。

曾得好緣，於二十六年前受敏隆與靜惠之邀，一起去北海道參加日本PHP友會的年度成果發表。經楊壽美女士精到的轉譯，我多少明白了日本各支會分會的報告和分享的內容。當時給我的撼動是，這麼多元的社會組群，怎地可以被這素直的精神，啟發成如此充滿喜悅、興奮又樂此不疲的讀書風潮？

沒想到那次的借鏡參學，讓靜惠靈光爆破似地，決定把那心同理同的精神價值帶回台灣，映照有緣人。她歡歡喜喜地透過周遭的組織關係、個人的人際關係，像點鐵成金般地成立了素直友會。如今已過了二十六年的光景，感觸

錢鍾書說：學問乃是荒江野老屋中，二、三會心人商量得之之事。（楊雅棠攝影）

到創始人的自信、堅毅，以及對素直價值以近似宗教情操的見證精神。

好久沒機緣與她暢談，個把月前，被邀到她洪家原地改建，面臨淡水河的新碩建築。雖是故地重來，頓然讓我有隔世之嘆。淡水河的流水仍那般潺潺，金波仍那般蕩漾。靜惠手指對岸的遙遠處，依稀可以遙望敏隆的長眠地，「我們總是心靈交映地隔岸相望著」，其情深如相知的文化長流。然後，我看到偌大又新穎的客廳，多處的結構空間似可用來聚集十來位友人共讀共修的聚落。她滿心歡喜地回應道：「正是正是，我不久前又招集了左鄰右舍的鄰人，一起座談讀書，分享生活的樂趣。」當下感受到她對讀書的篤信，已臻「獨樂樂不如眾樂樂」的境地了。她從小愛讀書，如今已化成從心所欲、分享讀書樂達人了。

「一本真情」、「愛讀書也愛遊戲」，相信是她能矗立起素直友會二十六年的原動力。愛的力量是多麼的大啊！愛讀書，可以觸摸到古人讀書的象徵誘因——「書中自有顏如玉，書中自有黃金屋」，這是何其幽默的讀書有用論的楔子啊！它包容了人性追求滿足的現實需求。但是，愛的力量是超越現實利得的，而遊戲正對應著這超越的力量，並綻放出書本之外的精神力量。愛遊戲也是人性同心同理的生命情境。

靜惠依她素直的本性，巧妙地把兩愛貫串了起來，讓讀書中有遊戲之趣；而遊戲之間，除了可以達忘我的豐美境地外，又可照見沉澱反思後的生命理趣。難怪她可以把中學時代的死黨老友、球友、登山玩伴、練功同學、鄰居、結拜姊妹花，哪怕是六十、七十、八十，甚至九十歲的各種人生智慧，透過讀書同遊給洗濯出來，令參與者驚歎生命的玄妙。

靜惠是在邊做邊學中練就了多元多能的行政長才，其根柢處，恐怕是她對松下素直價值的認同。如素直即懂道理，就是從寬宏的視野看事物知道理的心；向萬象學習的心；融通無礙，創造新的型態與時俱進；以平常心面對危機，看到生活的價值；大愛、愛己與愛人……等等。她一朝感同身受此等人性觀，便「雨天帶傘」一般地依天理順自然，及人性所流露的本然，順勢契應。

陳怡安，怡安管理顧問公司董事長。曾任美國敏尼格行為科學中心諮商督導、美國國際訓練學院院長。

透過讀書會的組合，她用心發掘人才、培育帶領人才，成就增上緣。自己也謙恭地參與其中，從人的長處吸收新猷的創意，增深體悟。她不拘泥於框架，所以可以活絡多元的交流。自己又不間斷地閱讀，與時代的激變同呼吸新知能，屢有更新的見地和瞻矚。她重舊倫理的禮序，對長上、師長、老同學、老同事，不時挹注著關心照拂，所以她的「人脈存摺」總是豐沛的。她策劃的活動多引發讚歎的口碑。前勞委會主委趙守博先生曾公開說：「她所推出的節目，常是曲高卻又合眾的。」是句中肯的讚詞。

四分之一世紀的素直讀書會的帶動，靜惠毋寧就是那位猶太裔美籍詩人山繆．烏爾曼（Samuel Ullman）所寫的〈青春〉的見證人：

青春是蘊藏在內心滿懷的信念和希望，
鼓起勇氣來，只要每天不斷從事活動，
青春就會永遠存在，也永遠屬於你。

她對應著凱瑟琳．梅爾（Catherine Mayer）所揭櫫的新觀念，為這高齡化的時代，提「逆老」（Amortality，直譯即反老死）的願景。「老」雖是生命自然的現象，但不需要因「人生盡頭映眼前而畏懼，當問此生曾否真開始」。靜惠組合的千歲美女，「成功老化」的慈心，無形中即在布發愛惜生命、超越老死的信息。

一個人能優遊於讀書的豐美世界，不但自己能吸取古今人的閱歷知識，也能欣賞到共讀同修們所迸發出來的智慧，以成長自己，增廣無止境的生命視野。如王荊公的詩——「不畏浮雲遮望眼，自緣身在最高層」。智慧是人生的大視野、大視窗，讓人可以超越現實的困境，從危機中找到開創飛舞的新機。

祝願素直讀書會這已存的典範，能細水長流地助益台灣社會及人群，活化、深化我們賴以存在的生命共同體。

9

書是最好的朋友

文／簡宛

二〇一一年是洪建全基金會成立四十週年，二〇一二年則是素直友會成立二十五年的紀念，基金會一路走來，把書香播送給每一位愛書人。其實洪建全基金會所辦的讀書會，早在四十年前就已開始，首創開放分享圖書與音樂的視聽圖書館（設於台北市中華路小南門）。

基金會從早年成立《書評書目》開始，就以推動讀書風氣為號召，至今已成立上百個讀書會，並定期贊助無數社會公益與活動，提供場地並舉辦講座。前年（二〇一一）更推動海外閱讀，曾邀請黃春明老師在美國巡迴演講，也與海外華文讀者及讀書會結緣，歡迎世界各地華文書友，回台灣時到基金會參觀並共享讀書之樂。

靜惠與我從小就喜愛讀書，也愛分享各自的讀後感，我們笑言是最早的兩人讀書會。她一向有早睡早起讀書的習慣，數十年如一日地廣讀古籍名著、現代文藝，以及時事等社會現象，正符合了松下幸之助的名言：

「如果人人都能以自己最謙卑、最熱忱的心去學習，去克服人性中的『懶』與『妥協』的習性，必能成功。」

靜惠勤於讀書、思考，又熱情推動讀書會共讀之樂，真正是最熱忱的學習者、毫不偷懶的讀書人。她早已把松下幸之助的名言奉為座右銘且身體力行。

這一切她所言所行的熱忱與素直，也是她帶動學習與讀書的感召力，與大家同樂共讀的成績。做為大姊，身在海外，深深以她為榮，更樂於分享她的讀書之樂，感謝她數十年來提供給我們的好書與雜誌，讓我們始終不曾中斷來自故鄉的精神食糧。

很遺憾地，從康乃爾大學遷居到北卡州時，所有寄到新家的書，經過多日的查尋之後，郵局證實已全部遺失，頓時對於讀書寫作倍感無奈與寂寞。幸好當年資深作家陳瑛女士住在北卡，前輩羅蘭與琦君來北卡探訪她時，都在舍下小住，談文學與寫作，談好書與古籍，成了忘年知交，並因此得以和許多愛好文學的文友相識。

簡宛，北卡羅萊納州立大學教育碩士，創辦北卡洛麗中文學校與北卡書友會。從事文字創作三十年不墜，曾獲洪建全兒童文學獎、中山文藝獎、海外華文著述獎等，曾任海外女作家協會會長，譯介及策劃教育心理叢書及主編兒童文學譯作近百冊，廣受喜愛。

在北卡安頓好新家之後，孩子都還在中、小學上課，因此常到學校為孩子們介紹中華文化與傳統。有一個四十五年歷史的讀書會，她們對中華文化的喜愛與對文學的投入，令我印象深刻。當我收到信上寫著娟秀字跡「書是最好的朋友，永遠的朋友」的邀請函時，決定出席與她們分享讀書之樂。

她們有祖孫三代一路傳承下來的會員，也有昔日同學老友，雖然婚後各居他鄉，卻始終保持每月一聚的讀書會，閱讀有關中華文化的書籍，用「書是最好的朋友」來傳遞四十五年的共讀情誼。

這份與同好共享讀書之樂的歡愉，使我在回家的路上，深刻感受到「書，遺失了可以再買，書友卻是心靈良伴；食可以無味，生活中卻不能缺少共讀書友。」這得從與愛書人的討論與互動中才能獲得。

一九八九年我在大病初癒後，初次走在春芽初露的早春小徑，陽光璀璨，生命如此熱情相迎，我將何以為報？讀書寫作是我的樂趣，但獨樂樂不若與眾樂。我想起了那個有四十五年歷史的讀書會，那一直印在心中的「書是最好的朋友，永久的朋友」；更讓我想念起在千里之外、從小與我共讀的妹妹，她多年來一直在故鄉全心推動讀書會，把書香播撒在全台灣的家庭。

於是，與愛書的朋友們商討後，於一九九〇年成立了「北卡書友會」。成立時，琦君、思果、喻麗清、吳玲瑤、韓秀及劉安諾都專程來北卡祝賀，並分享他們在文學上的寶貴心得。「文學中有生活，生活中有文學」，一直是我所嚮往的境界。文學中因有生活，而寬廣圓滿；生活中有了文學，而多采多姿。

二〇〇〇年，「海外女作家協會」在北卡州舉行，更邀請到齊邦媛老師和薇薇夫人，來北卡擔任大會主講貴賓，有近百位來自全美各州的女作家參加，留在心底的不僅是溫馨而珍貴的回憶，還有大家共同對讀書寫作的喜愛。

齊白石有言：「一息尚存要讀書。」是我的座右銘。我在海外的生活也因為有了書香，而在另一個故鄉結下書緣，結交了共讀愛書的好友。

10

涵詠真誠純樸，真的很素直！

文／覺培法師

簡靜惠老師在新書《一本真情：我在讀書會等你》中，提到自己是個「即知即行」的人，她以素直心面對自己並引領素直友會成員，「從寬宏的視野看事物」。

我回想起二〇〇二年一月一日人間佛教讀書會成立，家師星雲大師期許佛教要走向「生活書香化」的叮嚀後，我在山上巧遇從菲律賓回來的永光法師，他跟我提到了簡老師。原來簡老師的小姑，遠嫁菲律賓的洪慧珠女士，一直是佛光山的重要護法，而她也早已引介簡老師在菲律賓道場展開讀書會的培訓。由此因緣，讓我有幸與簡老師認識。

簡老師所言的「素直心」，與佛教「直心是道場」不謀而合，與簡老師相識後真是開心無比，我們一起在三峽金光明寺，在星雲大師的見證下，進行了一場讀書會的正式「結盟」，之後展開了全台灣甚至海外各地的培訓工作。

佛光山舉辦的「全民閱讀博覽會」，閱讀在台灣喜悅開花。

當時簡老師帶著素直友會的謝長安、林月碧、黃莉莉、張萍、鄭幸麗等種籽講師群，以團隊的方式，陪著我們到每一站授課，並灑下帶領閱讀的種子。

這些種子經過十一年的努力，一棒接一棒地，如接力賽般，努力傳到今天。依然有法師帶著一群無私奉獻的書香義工，憑著一股「相信閱讀」的信念，將閱讀的精神傳布到十九個國家、一百八十個城市、五百二十九場培訓課程，與十萬四千人次愛書者分享有效帶領閱讀，善用各種閱讀材料，更深入校園、社區、家庭、監獄等領域散播書香。有叛逆少年因閱讀而走回人生正軌，有親子因閱讀而跨越世代鴻溝，有受刑人因閱讀而悔過向善……，在在都展現閱讀力量，為創造書香社會再添新頁。每每回想起那一段快樂的時光，心中總是莫名感動與無限感恩！

簡老師再忙，也會撥冗蒞臨我們每年的全民閱讀博覽會，為我們鼓勵加油。今年八月的博覽會上，簡老師擔任「長壽與新芽讀書會對話」的講師，傳授素直友會讀書會二十六年的豐富帶領經驗。看到愛書人踴躍與會分享，簡老師欣慰地說：「人間佛教讀書會有十一年歷史，這份傳承的精神，讓人感動。」簡老師的感動，應該是看到了閱讀在台灣這塊土地開了花的歡喜。這個曾經與我們一起播種耕耘的長者，在全民閱讀博覽會上看到每一張因閱讀而笑開懷的臉孔，感到滿心歡喜！我知道，這也正是簡老師的願力所希望見到的！

簡老師一直是帶動台灣社會人文風氣的重要推手，文史哲的推廣工作從來沒停過，至今敏隆講堂所開辦的講座，一直都保有人文的精神與內涵。書中提到在淡水新社區成立讀書會，讓社區居民以讀書會的方式建立共識，也為下一代創造新的鄉土情懷，她

覺培法師，現任國際佛光會中華總會秘書長，並兼任人間佛教讀書會執行長。受星雲大師「生活書香化」理念影響，自二〇〇二年起推動全民閱讀，在海內外成立兩千餘個讀書會，成為全球最大的華人讀書會社團。

說：「愛鄉、愛土、愛山水，生命的豐潤厚度也因之而來！」正因簡老師擁有豐潤的文化厚度，所以能優遊於她自稱的「既是素直友會會友也是總會長，是引領閱讀、帶動書香社會的『頭馬』，也是回過頭來與會友一起讀書遊戲的『回頭馬』。」

「一本真情，我在讀書會等你」，想來亦源自素直慧見，所以能自由自在地吸取異見，可以讀書、讀人、讀詩、讀畫、讀電影、讀旅行。書裡提到，二〇一二年歲末，簡老師與慧珠到歐洲為我們授課後，遊塞納河時與佛光人見景所吟的詩作，立刻成為討論材料，當下即展開讀書會。簡老師玩到哪、也能讀到哪的風格，可說在培訓課程後，又做了一場最佳的帶領示範。

這本《一本真情》，承載素直二十六年的故事，涵詠真誠純樸，真的很素直！

III 十種類型讀書會

素直友會的讀書會類型很多元、很寬廣，也很自然，
並不拘泥在紙本文字上的閱讀，而是與時俱進，不斷地創新形態。
會友們在讀書會裡發展自我意識，自動自發地閱讀學習，
激盪智慧火花，擴大彼此的生活與生命空間。

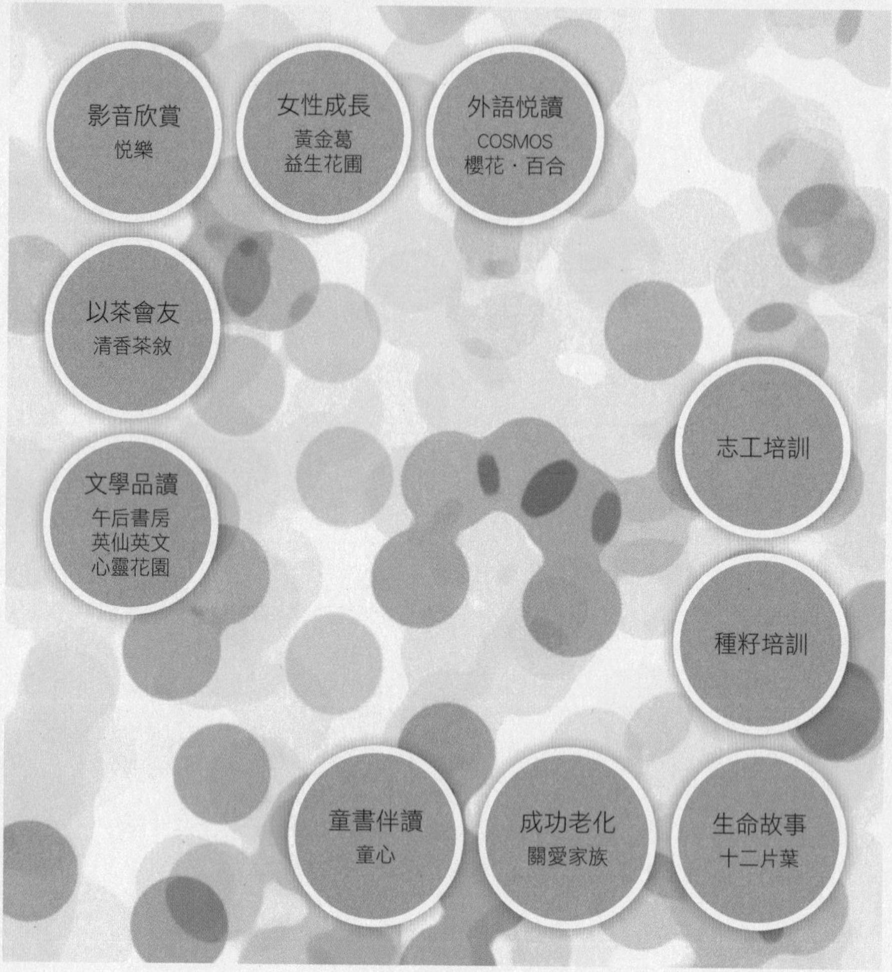
影音欣賞
悅樂
女性成長
黃金葛
益生花園
外語悅讀
COSMOS
櫻花・百合
以茶會友
清香茶敘
文學品讀
午后書房
英仙英文
心靈花園
志工培訓
種籽培訓
童書伴讀
童心
成功老化
關愛家族
生命故事
十二片葉

外語悅讀

樂活樂齡的閱讀盛宴

文／簡靜惠

PHP友會是松下幸之助先生於一九七六年在日本首創，以閱讀《PHP月刊》的讀者定期聚會探討內容，也研讀松下先生的人生與經營理念。提倡「素直心的培養與落實」，制有信條公約，是相當完整又可遵行的友群聚會。

「素直」二字在漢文裡並沒有相連的意涵，但在日文中說到「すなお（SUNAO）」，卻是人人知曉的品格修養。日本小孩從小就被教育著要有如「素直」般的單純素樸。但「素直」的真正意涵不容易說明白，將之翻譯為「真誠純樸」，雖貼切卻仍意有未盡，只能意會很難言傳。

因著這樣的信念，早期的「火曜會」、「COSMOS會」、「櫻花會」、「百合會」，在台灣組成並發展，都是以研讀日文版《PHP月刊》為主要內容。而《PHP月刊》也果真是一本好雜誌，每月有不同的主題內容，跟得上時代變化，也有時尚感，可讀性很高。

年資最久的讀書會

「COSMOS讀書會」成立於一九九一年，是素直友會目前仍在運作中年資最久的一個讀書會，會友大都能說讀寫日文，每半個月聚會一次，研讀《PHP月刊》的文章。他們之中的多位，當年與我一起去日本參加PHP大會，同遊「琵琶湖」，許下同心圓（見頁一一九）的決心，在台灣成立PHP友會，散布「素直心」點亮萬家燈火。

COSMOS的會友進進出出，伴隨著團體歷練春秋寒暑，清一色為健康且樂活的銀髮族，學習的熱忱很高。他們都有著早年受過日文教育的風範——認真與一絲不苟的堅毅，從成立起就讀《PHP月刊》，二十多年都沒間斷過。會員中不乏精通醫識者、擅於書畫者、雅好吟詩者……，有一位丁力田先生曾是奧運溜冰選手呢！

會友邱顏雲年女士我們慣稱她「邱媽媽」，已是米壽（八十八歲）高齡，每次都從淡水紅樹林換三趟車才到聚會場所，是全勤的出席者。每年十月她會跟我們一起到日本參加PHP大會及國際交流會，暢談閱讀《PHP月刊》的心得感想，中氣十足，鏗鏘有力，讓日韓友人汗顏讚歎：「台灣的Women

Power 好偉大！」

會友朱育德先生也是素直的種籽，他曾跟著總會去「帶領人培訓課程」裡講課，暢談 COSMOS 的組成經驗。滿頭白髮的他，一上台就贏得滿堂彩，只要談到 COSMOS 的會友在聚會時爭先發言、表達讀後感等進行的狀況，就讓大家由衷感佩。朱先生更是素直友會的模範生，友會的許多日文資料都是經由他的手翻譯編印，如《素直手帖》、《人類是偉大的》，還有《PHP月刊》裡的好文章。

很多的老會友都視 COSMOS 為生活裡的重要部分，確實認真地參與。每年素直友會舉辦新春茶會，也都親自幫忙接待日本、韓國的會友，有時也上台表演，真正是快活的樂齡一族。

從 COSMOS 到櫻花百合

當初的會友組成曾限定在十二名，主要是為了讓每次聚會大家都能發言討論。隨著歲月增長，COSMOS 的會友不僅沒有消滅還不斷增加。於是，二○○七年由 COSMOS 讀書會的部分會友另行組成了「櫻花讀書會」，除了承襲以日本 PHP 會刊為知識性的閱讀盛宴外，更孕育出書伴間溫馨感性的交流。會友何素寬女士熱心地引介新會友認識 PHP 素直精神，對日語的詮

朱育德先生是素直友會的翻譯好手與模範生。

釋翻譯也盡責協助，月刊裡有好文章也時常轉介給大家看。

爾後，又因素直心的生根與茁壯，櫻花讀書會會友過多了，二〇一二年再組成了「百合讀書會」，以饗更多志同道合的朋友。每年十月，我都要帶團到日本參加ＰＨＰ大會及國際交流會，這一群懂日語又熱心的會友都會跟著我參加，展現台灣的創意活力。

一般的讀書會發展時經常會面臨的問題：出席率低、人數減少的困境，對他們而言，反倒是要去化解成員愈來愈多的奇景。從「COSMOS」發展到「櫻花會」，再擴大到「百合會」，松下先生所謂「素直」二字的本涵：「下雨，打傘；雨停了，傘收起來。」和COSMOS的中譯「大波斯菊」的本意「和諧」不謀而合。經營讀書會真的不難，貴在順應自然的單純法則，回歸內心最清純和諧的狀態。學習是快樂的、自發的，這一股力量吸引著大家緊密不離。

ＰＨＰ友會在台灣開花結果

世新大學社會心理系邱天助教授曾說：「讀書會是歷史和文化的產物，在不同的時空座標上形成不同的傳統，呈現不同的樣貌與發展理念。」

早期的素直友會就是奠基於這樣的理念，在台灣成立ＰＨＰ素直友會。但在發展上卻是應著環境時空而不斷轉化。

COSMOS、櫻花、百合等會友群，真正是快活的樂齡一族。

一九九二年與江口克彥先生的一席話後（見頁一八），台灣PHP素直友會將其領域放寬放大，跳脫閱讀日文《PHP月刊》及松下先生理念的限制，回到每個人最單純的「素直心」的學習落實。讓「讀書」這件事成為「讀自己喜愛的書」，「創造有意義的話題」，由會友自己決定要「讀什麼」、「怎麼讀」、「怎麼說」……。讀書會不只是讀書而已，更是學習說話討論、交友聯誼、共同成長的好所在。

時至今日，友會發展出形形色色不同類型讀書會，不再視「讀書會」如畏途。年少者可在此玩耍遊戲，學習團體互動等團康；青年人可在此聯誼交友，學習職場以外的新知，或補充當年科系的限制；家庭婦女更是讀書會的忠實擁護者，讀書會為她們開啟一扇窗，通往更寬廣的世界，也引發她們潛能的再開發；樂齡族的閱歷豐富豁達，讀書會為他們開發出一條康莊大道，許多的可能都在此發生。

只要有一顆「素直心」，都可以讓自己及身邊的人，活得更健康，更快樂，更有意義。

人生中值得慶祝的不是生日，而是心智成長。（楊雅棠 攝影）

2

女性成長

黃金女郎的「晚美人生」

文／鄭幸麗

「黃金葛益生花圃」讀書會於二〇一二年獲得「台北市學習型城市學習楷模之讀書會楷模」獎牌，讓成立近二十年的讀書會成員（自稱黃金女郎）相當雀躍！

一九九四年，這個由兩會合併的純女性閱讀團體，歷經參與人員不足、氣氛低迷，到熱情相挺、溫馨相待，彼此如家人般的包容傾聽，有一段漫長故事可說。這些歲月集結在《女人二三事》、《花圃的饗宴》等多本共力完成的書冊或DVD中，記載著黃金女郎在讀書會裡的成長與哀樂，如：共赴八里天主教老人院，持續兩年來每個月為老人家慶生；為了帶動表演節目的氣氛，向廖瓊枝老師學習歌仔戲，還受邀赴澳洲、日本PHP大會上表演……等活動點滴。

鄭幸麗，素直友會種籽講師，參與讀書會二十年，目前遊走兩岸，為讀書會推廣帶領人培訓與企業高階領導團培，喜歡閱讀並結合旅遊。

共讀成果演給你看

去年（二〇一二）寒假，我們聚集在會友潘淑玲家世界山莊的活動室裡，喧鬧又神祕地諜對諜，展開「黃金葛年度春party」。當天除了二十幾位現任會友，更邀約休會與暫別的舊會友回來餐會敘舊，也見證我們一年來共讀的心得與成長。

現場有屏風，隔出了禁止偷窺的私密區，角落裡有組裝的道具、布幔、沙發，台上場地正在布置，總主持人進行麥克風測試，幾個人在走位，一小群人竊竊私語。為何如此

「黃金葛益生花圃」同學會，以戲劇方式展現共讀成果。

大費周章？原來這一年透過共讀的所有學習，「要說給你聽是很長的，所以我們演給你看就是了。」

台上主持人接著說：「今年我們演出三大主題，一是日本組的『村上春樹——東京奇譚集』，二是非洲組的『約翰．史崔勒基——生命沙伐旅』，三是印度組的『米花——遇見貧民百萬富翁』，都是從這一年共讀的書目中精選出來的。」

透過三個小組成員的私下密會與搶人作戰，劇本、配樂、旁白討論，以及一次次的彩排、服裝定調，所有成員各有歸屬。角色不夠沒關係，路人甲或檢場就邀請舊會友軋一角或現場拉人了。每個人都得上台演出，輕鬆同樂外，還要評分。我們票選出前三名，以及最佳服裝、道具、演技、人緣、劇本獎等。我們也兼要籌備素直友會的年度新春茶會，萬一要上台，就是我們展現實力的時候了！

聯絡組＋活動組強化向心力

如果以為我們只會玩，那只猜對了一半，我們也很認真地讀書呢！我們每月兩次聚集，在素直友會教室裡展書共讀。本著「一日讀進黃金葛，終身都是會友，永遠歡迎歸隊」的原則，成立近二十年的讀書會，雖然成員進進出

細心製作的共讀記錄，訴說讀書會的成長與哀樂。

出，依然人氣不減，總是維持在二十五位左右，所以每次聚會若不搶著發言，回家小心得內傷。沒說完沒關係，換個場地共餐續聊，從書本裡、生活中談心得、感受、新知、快樂、悲傷……，都是有人說，有人聽，有人回應，因為我們始終是一家人嘛！

萬一有事不能出席聚會，別擔心，我們有強棒文宣加聯絡組，除了電話問候，還寄上花絮——共讀記錄與活動預告，提醒你下次誰是導讀群，誰該動筆寫花絮，誰有好康報你知，如預購展覽特惠票、講堂課程訊息、折扣泡湯券、電影票、藝術團導……。活動組更一本慣例，十多年來持續舉辦每半年一次的「一日遊踏青」，一

我們是純女性閱讀團體，號稱「黃金女郎」。

年一次的「二三日過夜旅遊」或「出國十日遊」等聯誼。偶爾連續缺席幾次，黃金女郎的社群網站就貼出「XXX，我們想念你」的字樣與可愛貼圖，要你忘了黃金葛讀書會都難！

在學習與付出中綻放自己

「有壓力嗎？」我問原始會員陳月莉：「什麼原因讓你十幾年一直參與黃金葛益生花圃讀書會，即使上班也要空出時間堅持下去？」

月莉說：「這個團體不會是最完美的，我們從四面八方有緣聚於此，最初衷是每個人都帶著一份向上學習的心來此園地，也許每個人心中都有一個解不開的結，藉由閱讀不同種類的書籍，也漸漸打開傾訴彼此的心題，在此刻得到關懷與解惑。我們讀書會的組織結構完整，源於每個成員本著素直心，願意奉獻承擔，因此每次的活動或聚會都可以圓滿地進行，過程中允許爭得面紅耳赤，但我們包容不一樣的聲音。在這裡彷彿一個小社會、大家庭，可以體會不同層面的相處及學習。而我在這團體裡，也往往因為大夥的真心相待、真誠付出而感動不已！」

也許每個人的答案不盡相同，卻不脫離讀書會在每次展卷共讀前必唸的「素直信條公約」，以及「黃金葛益生花圃讀書會宗旨」。長期以來，我們學著

在新春茶會上表演手語歌。

內化「真誠純樸的心」，相約要一起做對生命有益的事，要一起學習與付出中綻放自己，要永遠像一家人般彼此關懷、鼓勵與扶持。如今，我們還相約要一起成功老化，一起活出黃金女郎的「晚美人生」！

羨慕嗎？趕快來參加讀書會吧！

3 影音欣賞

探究音樂作曲者的生活智慧

文／林月碧

林月碧，中學老師退休，保持著素直心，不疾不徐地參與讀書會，慢慢地欣賞、體驗生命，既歡欣又充實地渡著人生的下半場。

有一天，我獨自漫步在台北街道上，思及自己竟能在人生的下半場優遊於讀書會，不禁一陣雀躍！

寓於休閒的跨界學習：遊戲中的發掘

原本只是單純地加入喜歡閱讀又懂得吃喝玩樂的「黃金葛益生花圃讀書會」，沒想到待了兩年後，竟會參與種耔團隊的培訓，成為推廣讀書會的志工；更沒預料到，在夜間部教書時，為了排遣白天獨自在家的寂寞而參加校外藝術課程的學習，竟能變為我如今帶領的讀書會的一項特色。

我不會看五線譜又不太會唱歌，卻很喜歡聽音樂，畢業於商學院的我，一直期盼能從「聽覺」感受別人所說的「音樂之美」。可是，常常聽著聽著就睡著了，醒來時對尚存的音樂聲一片茫然。轉到夜校授課後，報名了台灣愛樂社「西洋古典音樂欣賞課程」，一如往常在音樂聲中點頭小寐，總是崔玉磐老師講課的「權威」聲音驚醒我。我試著寫筆記來驅走睡意，隨著落筆似乎聽進了音樂，漸漸地，連上課前十五分鐘的音樂聆賞我都沒睡著，反而認為可以沉靜我匆匆趕來的焦躁，後來也影響了我在帶領設計上的排序。回想退出職場後這八年的另類學習，直呼自己是受到菩薩護佑的幸福女人。

素直種籽團隊的學習：眾樂樂的饗宴

我記下加入素直友會的收穫：「素直的心、包容的心、開放的心，素直帶給我更多的書香及歡樂，豐富我獨處的時間內涵。」又過了十多個年頭，我依然沉浸在：享受閱讀、享受與人和諧對話的共鳴，以及享受與人抗衡對話的痛快！

二○○五年，友會以「多元閱讀、擴大閱讀材料」為目標，規劃「主題性讀書會」活動系列，欲從對文字、圖像的閱讀，延伸至影音的閱讀，也就是用音樂、電影或故事做為閱讀的主題。這好似老天給我整裝再出發的機會！是我另一次的挑戰！「閱讀」音樂是用「聽」的，不是用「看」的，會友若像我一樣，一聽音樂就睡著，那我要怎麼辦？流動的音樂，不是音樂系出身的我如何分段？如何區分樂器的聲音？……我馬上被這許許多多的問題困住

影音的欣賞導聆，是種籽月碧的帶領特色。

了，何能再談帶領討論？

讀書會裡唸誦的「素直心：要以簡單的心來面對曲折」點醒了我，簡老師也經常提醒：「帶領人不是專家。」對！我沒辦法從音樂結構這種專業理論切入導聆，但我可以從歷史背景、人生境遇來領著大家探究音樂作曲者的生活智慧，再配合音樂DVD來聽。就這樣，友會第一個音樂讀書會「悅樂」成立了，我們用影片欣賞音樂，或許說是「音樂電影讀書會」比較恰當。

就在自認能於讀書會以兩個半小時帶領音樂，簡老師竟要我到基金會的週會做半小時的試講帶領。哇！半小時要聽音樂又要帶領，既害怕又覺機不可失，於是硬著頭皮上場。音樂播了，但對話部分似乎不如自己想的那麼順當，簡老師及基金會工作人員的回饋，讓我進一步學到如何以聽眾為導向，調整帶領方案的層次。也因簡老師不吝提供舞台給我演練，還有夥伴們不斷地鼓勵，我的音樂帶領才能成為會友公認的「古典音樂的入門」。

享受踏實與幸福感：感官能力的豐富性與細緻化

「在曠野、在林間，在走路時、在萬籟俱寂時，被情緒所激發，詩人將之付諸文字，我則將它化為音符。」

貝多芬的這段話讓我瞭解到，可以用「聽音樂的感覺」做為聆聽後對話討論

在「讀書會帶領人培訓課程」裡示範帶領《歌劇魅影》。

的題綱。初時的回應不多，慢慢地大家談的不再侷限感覺面，更能琢磨作曲家的生活點滴、個性，且試著明白其創作的動機。例如，邊讀「海利根遺囑」邊聽貝多芬的作品，欣賞蕭泰然、江文也作品對談本土音樂故事，觀賞經典歌劇來笑談人生，趕著流行看百老匯音樂劇，如看畫般聆賞印象樂派……，流行的、古典的、中文的、外文的，只要是音樂我們都愛。

音樂讀書會算是個現場閱讀的讀書會，只是多數的參與者習慣文字的視覺閱讀，對聽覺閱讀較不容易融入，所以，我大多選擇有故事性的歌劇或樂曲做為主題，例如莫札特、威爾第、普契尼、比才等作曲家的歌劇，或是貝多芬的《英雄》、《命運》、《田園》、《歡樂頌》等交響樂，做為我最初帶領的曲目。更重要的原因，是說故事要比說音樂簡單。我以DVD的音軌（track）找出時間內能播放的樂段，如此放一段音樂討論一下，再放一段音樂彼此分享對話……，這樣帶著大家玩得不亦樂乎！

會友常有令我難忘的溫馨話語，亦是驅使我持續的原動力：

「音樂原只是一邊做事一邊聽的背景樂，透過同學的討論漸漸地我學會欣賞，藉由瞭解作曲者也認識自己。」

「當我聽見音樂，不再脆弱，眼中見不到仇敵，與古老的時代相遇也神遊未來。」

貝多芬《歡樂頌》、音樂劇《卡門》等帶領方案教材。

「來自古典音樂的美好感動，使我的人生更加充實與滿足。」

「班上唯一男生是膽怯也是勇氣，音樂療治我的膽怯，增加我的勇氣，減少隔閡和退休後的孤離。」

由於獨樹一格的帶領方式，偶而也受到社團或社區邀約，因著學員不同的生活體驗，對話各具其趣。我在其中接收到不同的生命內涵，除了增加帶領內容的多面性，更拓展我的人生視野，又是另一項收穫。

「閱讀」本身就是人生最棒的獎賞。
（楊雅棠 攝影）

4

以茶會友

品茗與讀書的篤學雙修

文／詹美玲

一天下午，我如同往昔來到基金會櫃台值班，一陣淡雅撲鼻的茶香，正從「敏隆講堂」清幽知性的開展空間緩緩地飄散出來，隨後，兼具學習與助人為生活重心的志工欒玉苓，手提一個造型極為雅緻的大茶壺，邁步途經我的座位旁，說道：「待會進來喝茶啊！今天我是茶主……」抬頭瞧見她堆滿親切笑容的臉上，有著一派志得意滿的神色，讓人好生歆羨。

這一群在二〇〇九年初夏，因基金會所開辦的「茶與生活藝術」課程，而相遇、相投的讀書會朋友，在賴鳳琴老師的循循引領中，走入了茶藝的世界，並於課程結束後成立「清香茶敘」讀書會，開創了素直友會讀書會群的一個知性的學習模式——品茗與讀書的篤學雙修之旅。

然而，想一究茶中乾坤的雅士很多，但真正要成立每月一次的聚會時，卻是

詹美玲，筆名娜娜，曾任多所學校及社區、圖書館之讀書會帶領人，目前在小學擔任「兒童讀書會」課後社團老師，任職於國中生輔助教材公司。對閱讀上了癮，每當讀到一本好書，就迫切地想與朋友分享。

雷聲大雨點小，當天包含召集人加起來只出席了四位夥伴。長久以來，「素直心」的本質不就是「順應天地自然理法，而去思考一切的心」？「兩人成伴，三人成群，更何況我們有四個人啊！」就是本著這份純粹的初心，如今「清香茶敘讀書會」已堂堂邁入第五個年頭，人數也都維持八至十人的一貫穩健。

「為什麼不開放，多增加些會員呢？」我好奇地問。玉苓說：「人一多就無法每個人都喝到茶，也就無法『品茶』了啊！」原來，她們不僅對「茶」情有獨鍾，在每一次的聚會交流中，已發展出互相觀照的共好情誼。

期盼伴隨著品茶情趣，開展出會友更寬敞的生活美學，二〇一〇年，鳳琴老師在基金會的課程，改以「茶藝生活美學」的名稱，繼續吸引了無數對泡茶、喝茶有興趣的學習者。期間曾有數回，我得以近身觀察「以茶會友」之動人所在，發掘出其中二大誘因：

一、因為是茶

「茶」對東方人來說，特別具有歷史與文化的重要意義，在我認識的朋友當中，他可能不喝咖啡，但絕對不會拒絕一杯好茶。晉升到「以茶養生」的鳳琴老師就曾說：「每天喝茶，除了可以加強骨質的密度外，茶會讓人腰軟、

賴鳳琴老師的「茶藝生活美學」課程。

口軟。可是怎樣泡，這才是重要的。」

記得課程當天，老師採用的是又名為白毫烏龍、福壽茶的「東方美人」做教

在讀書會中，不只可以品茶、賞茶、精進泡茶技藝，更提升了美的鑑賞力。

學示範。茶道美學中的觀其形、察其色、聞其香、嚐其味四步驟，無非是要先做到「賞茶」，也就是分辨出茶葉本身的特質。只見老師將適量的茶葉放在茶則容器上，要我們先就茶葉的色、香、味、形，做仔細的觀察。接著，老師提醒，由於「東方美人茶」兒茶素含量高，又是半發酵的茶品，所以水溫不宜過高，泡茶時謹記三項口訣：屏氣凝神、一線注入、旋轉乾坤，品茗示範原來可以優雅的如一幅古代的仕女圖。

「我泡出來的茶，大家喝時一定不會不舒服……」分茶時，鳳琴老師充滿自信的神采，瞬間使我遙想起早期在讀書會帶領人培訓時，簡老師提到領導人應有的精神——堅強的信念，就是這份膽識，讓我覺得老師泡出來的茶，口感就是不一樣。

二、不僅是茶

茶與朋友幾乎可畫上等號，隨後分別於二〇一一年及二〇一二年的課程後續，組成的兩個讀書會——「清心若茶」與「草木中人」，一月一會的定期聚會，除了精進泡茶的技藝與喝茶的心得外，藉由現場研讀小品文章，將美學落實在生活中，也一定不可或缺。有時，他們也會精心安排戶外的觀摩、講座、參訪，或偕行去茶園踏青……等，無論何種形式，每一次相聚都是會友間感情的增進。

清香茶敘讀書會與社區讀書會以「夏日茶宴」交流。（楊雅棠 攝影）

就如同鳳琴老師身當其境所言：「我用茶當媒介，從喝茶中學習台灣地理、用茶寫字、製作精緻的茶食，我甚至在茶染的創意中，開啟了一片更寬廣的舞台。」這也是為什麼會有這麼多學員泅泳於老師舉止從容、逍遙自適的教學風格。

其實，基金會於一九九二年八月就有一群志同道合的朋友，因緣際會參加簡老師在「清香齋」茶藝館所開辦的講座後，共同組成了「清香讀書會」，會友中就包含當時茶藝與書畫俱佳的賴鳳琴老師。時隔十多年，清茶淡香雖已隨風飄散，然而，士別三日、刮目相看的鳳琴老師，用她與簡老師那份亦師亦友的真摯情誼，讓以茶會友的清香仍在芝蘭之室經久不散！

二〇一三年的六月間，簡老師發揮她愛讀書、好整合的長才，邀約「清香茶敘讀書會」到她現住的社區讀書會，以「夏日茶宴」的方式交流。談談茶與生活、以茶會友讓茶進入生活，讓人與人間的美善以最真誠的面貌呈現，這不就是「素直」的表現嗎？

5

文學品讀

閱讀小說，體驗人生

文／施錦秀

多年來，敏隆講堂的講座和素直友會的讀書會，兩種不同形態的學習管道，讓許多人從中找到各自所愛，享受終身學習的樂趣。「午后書房」則是擷取兩者的長處相輔相成，追求更深入有趣的學習效果而成立的讀書會。

經典小說的探索之旅

一九九九年，葉思芬老師在敏隆講堂開始主持「中國文學講座」，一群有興趣且體驗過讀書會運作的朋友，想到若能把老師課堂講授式的上課內容，再結合讀書會特有的共讀分享、多元討論，必然可以擦出更亮的火花。「午后書房」於焉成立，配合著講座，持續至今已十三年了。

葉老師在二〇〇一年首開「紅樓夢賞析」，讓許多追「夢」者夢想成真，這

施錦秀，一九九四年踏入讀書會，修習人生下半場的學分至今，主動開心地閱讀討論，真誠純樸地交友分享，在學習與付出中綻放自己，沒有文憑但卻賺得身心自在，不求畢業唯願在讀書會裡終身學習不輟。

正是講座的優勢所在，這本大部頭的經典名作曾讓許多人因找不到門道而半途放棄，但經過老師主題式、有條理的引導，讓大家領略到經典並不是想像的那麼難跨越，而其豐富精采、緊扣人心的故事，絕對值得投入心血研讀。二〇〇五年間，應眾「紅迷」的要求，「紅樓夢賞析」又開了三十六堂課，有許多學員二度參加，只為了更深入去瞭解。

此後，老師陸續有系統地介紹了中國神話、筆記小說、唐傳奇、宋話本，以及放眼台灣的日據時代文學、現代文學、鄉土文學、女性小說等經典作品，分析其時代背景、寫作風格和技巧，探討文章所要帶出的主要價值。二〇一二年春天，《金瓶梅》隆重登場，若沒有之前十年來老師和學員們共同努力去耕耘準備，是難以嘗試的。至此，小說的探索之旅進入了另一個高度！

所有的閱讀，都在閱讀自己

「午后書房」讀書會目前成員有十五位，穩定性高，大部分都已參加十年以上，葉老師也在其中，我們都是一起共讀的同學。由於老師開課期間大家都專心上課，寒暑假才是我們聚會共讀的時候，聚會時全員到齊是常有的現象。運作的模式很單純：先決定要讀甚麼，大都是配合老師講座的內容或推薦的書目來挑選，再決定聚會的次數和日期，分配每次共讀的內容，再來就是各自認養帶領，每個人都要認。

葉思芬老師「金瓶梅賞析」課堂，大家專心聆聽，課後於「午后書房」繼續研討。

不論是對上課內容的複習或預習，每次的聚會，帶領人運用所學的閱讀技巧與方法進行討論，常讓人充滿了期待與樂趣。例如，如何由對比、烘托、隱喻、物件、不寫之寫等等，找出故事的真面貌，讀出人物的個性，感受他們的處境和命運。累積多年的學習，漸漸體會到老師常說的：「所有的閱讀，都在閱讀自己。」透過故事裡的人事物，只要用心，總會發現自己或周遭朋友的影子；也常不自覺地設想，若是我也處在同樣的情境，我會如何對應？可以有不一樣的選擇嗎？中國女性如何走出禮教的框框？故事的時代背景說明了什麼？在討論的過程中，一次又一次地也在和自己對話。

在獲悉葉老師要開講《金瓶梅》時，大家都雀躍不已，我們隨即擬定閱讀計畫，經過大夥的努力，終於在開課前先共讀並討論完一遍。完成這項挑戰，對於閱讀大部頭經典更加強了信心。

這本充滿爭議性的小說，開始時那些被視為禁忌的性愛描述，確實帶來一些考驗，但我們都已過中年且都經過相當的人生歷練，也很清楚我們想探尋的是什麼，所以很快就擺脫了「它」的干擾，瞭解到那就是明代中、晚期中產階級最真實的生活。進入西門慶的世界，令我們大開眼界，除了當時的社會百態叫人目不暇給之外，更令人驚訝的是，那個社會的許多現象顯然並未過去，西門慶、潘金蓮、吳月娘在現代的八卦雜誌裡隨處可見！預讀過後再去聽老師的講座，加上老師補充的背景資料和系統的導讀，我們成為最滿足快樂的學生。這就是當時成立「午后書房」想追求的學習成果。

從午后書房、英仙英文，到心靈花園

在素直友會裡，類似這樣以閱讀文學經典為主的讀書會還有「英仙英文讀書會」，他們是跟隨廖雅慧老師，從二〇〇二年開始，以英文原文進行的「英美文學史系列」、「莎士比亞劇作系列」課程而成立的。人如其名的廖雅慧老師，優雅聰慧、幽默風趣，是一位富涵深厚文學底子的學者，再難讀的文學經典，再繞口的詩歌，經由老師從容、平和的語調，總是能打開學員高遠與瑰麗的想像之門。課程外由廖老師陪同，再以讀書會的方式學習，以英美文學賞讀和語文精進為目標。

另一個「心靈花園讀書會」，則邀請朱嘉雯老師固定帶領導讀，不進行討論，閱讀英、法、俄國文學，如《包法利夫人》、《安娜·卡列妮娜》、《鐘樓怪人》等等。

葉老師常說：「小說是虛構的，但卻反映了最真實不過的人生。」在這個小小的書房裡，我們讀小說，談小說裡的人生，也看現實裡的人生，最終的目的是「能好好地閱讀自己」。我們堅持一個單純的手勢，以「閱讀小說，體驗人生」為宗旨，持續向不單純的人生探索，這不就是素直的精神嗎？無論如何，這十三個年頭，我們的人生已有了不同的定義！

廖雅慧老師（前排中）與「英美文學史」課程同學合影。

6

童書伴讀

踐行素直，永保童心

文／劉敏

著名的義大利插畫家白蒂莉亞（Maria Battaglia）說過：「小孩一半因吃東西而長大，另一半因閱讀而長大。」也就是說，除了身體的茁壯之外，我們怎麼帶領孩子閱讀，孩子就怎麼成長。

基金會鼓勵並支持兒童文學的創作，在推動兒童閱讀上不遺餘力。素直友會也曾在二〇〇六年間，辦理兒童閱讀帶領人培訓，以生動活潑且多樣的說故事方式，提升故事志工多元閱讀的引導能力，並前後成立了兩個童書讀書會，分別是「寶兒讀書會」與「童心讀書會」。

閱讀童書、說演童話，保持年輕的心

「寶兒讀書會」成員來自各地的國小故事媽媽，配合當時基金會推動的兒童

劉敏，二〇〇〇年參加素直友會種籽讀書會，在讀書會的帶領與修為上受益良多，並任中日韓PHP國際交流的志工。推廣兒童閱讀，有一顆童稚的心，也不斷地透過讀書會的閱讀與討論追求心靈的成長。

閱讀，週日經常到宜蘭無尾港的岳明國小說故事，並帶領孩子討論故事，是讀書會學以致用、服務偏鄉的最佳例子。當時的故事志工來自各個團體，竟能凝集共識，主要是有兩顆「心」：一是素直的心，另一就是「童心」。

「童心讀書會」則在二〇〇九年兒童閱讀帶領人培訓課後成立。與「寶兒」的成員大不相同，大部分是退休老師或未曾接觸過兒童閱讀的社會人士，有些人更單純為熱愛說演戲劇而來。時代在變遷，童書閱讀從大多數是家有學齡兒的故事媽媽、故事爸爸，到如今故事爺爺、故事阿嬤相繼出現。

「童心」泰半是阿嬤級的成員，主要因喜愛童稚的純真，想保有赤誠之心而參與。隨著高齡化社會的來臨，讀書會成員期待用輕鬆的方式，在每個月兩次的聚會中，自由介紹自己喜歡的繪本，一年下來，竟然讀了二十幾本有趣的故事。

繪本的文字量不多，圖畫精美容易閱讀，故事裡藏著大人的觀念，也藏著孩子的觀點，常引發不同的討論。「童心」讀書會友雖然年紀稍長，卻是活潑有加，喜歡改編繪本故事，在素直友會新春茶會上演出熱鬧且逗趣的兒童劇，給茶會增添了青春的活力。松下先生說過：「所謂青春，不是年齡上的年輕，而是保持年輕的心境。」童心讀書會閱讀童書、說演童話，心境也永保年輕。

屈指一算，這四年來共演出了四齣話劇：《分一點點給你》在傳達地球共生的理念；《老鼠湯》在訴說急中生智的智慧；《老鼠娶親》的中國民間故事更是熱鬧；二〇一三年則以詼諧的手法，推出樂齡族不忘學習電腦資訊的《樂齡野貓物語》，反應時代的趨勢。

每次演出的服裝與造型，都是會友們自己發揮創意搭配的，大家掏出自家衣櫥裡所有家當傾囊相助，或是拿著針線擠在素直教室裡一起製作修改戲服，好似大家庭的婆媳

新春茶會上，「童心讀書會」以戲劇方式表演《樂齡野貓物語》。

妯娌，邊做家事邊嘰嘰喳喳地話家常。這種氣氛凝聚了一股向心力，加上無私的素直心，是童心讀書會持續經營的最大因素。

相遇、相聚在童心裡

李文靜與王淑慧的孩子仍在小學就讀，經常分享孩子目前的閱讀狀況，讓阿嬤輩的會友瞭解兒童閱讀的趨勢。林麗容、章寶英是退休的樂齡族，在「童心」磨練說演故事技巧，也在圖書館裡當故事阿嬤。自稱半輩子因工作毫無人生樂趣的李瑞榮，在「童心」認識了倪桂芳，跟著到興雅國小當晨光故事愛媽，也把「童心」的戲劇帶給學童。會心橋讀書會喜愛演戲的蘇秀秀，經簡老師牽成，參加了「童心」的繪本戲劇，成了跨會聯合演出。秀秀不諱言自己的年齡，七十歲了仍然又唱又跳贏得滿堂彩。交友廣闊的余崔芬更是散發吸引力，經常介紹會友參與童書讀書會的行列。

十幾年來，我一直樂在推動兒童閱讀，在童心讀書會裡，我看到大家不在意年歲的增長，素直且單純地熱愛童書，感動地寫下：

「我們的相遇，是因為童心；我們的相聚，是因為童話。在童心讀書會裡，我們重新認識了那個我們早已遺忘的世界。在那個世界裡，人們會自然聚在一起，因為我們喜歡有伴；在那個世界裡，我們享受對話的過程，喜歡聊聊

劉敏是「童心讀書會」的靈魂人物，樂在推動兒童閱讀。

童心讀書會到台灣歷史博物館帶領一系列導覽志工訓練課程。

自己最在乎的事。每個參與者都有影響力，真誠的對話，共同分享知識，找到行動契機，產生團體智慧。不是每個擦肩而過的人都會相識，也不是每個相識的人都會讓人牽掛，至少我們在今生，在一轉身的時候，沒有錯過。」

感恩沒有錯過你我相會的因緣，在此，讓我們一起踐行素直，永保童心！

7 成功老化

老了，唯一的工作是快樂

文／楊培青

隨著高齡化社會來臨，積極的生活方式與人際相處之道，孕育成功老化的觀念。素直友會自二〇〇六年推出「成功老化關懷計畫」，因應高齡化的社會潮流，舉辦適合老年需求的系列講座，從第一年的「彩繪冬之美」，第二年的「樂活嘉年華」，再到「後五十歲人生規劃種籽培訓」。不僅由專家學者演講其最關切的健康議題，更以共讀、互助進行成功老化觀念宣導，得讓學員可以從自己做起，進而幫助身邊的長者，再擴及社會大眾。

一起共讀、共享、共老

二〇一二年，素直友會以二十五年經營讀書會群的經驗，結合台灣當前社會的需要，舉辦「在讀書會裡踐行成功老化」系列講座。希望民眾在享受讀書與友伴關係的生活中，可以吸收更多健康、快樂、及成功老化的新資

楊培青，自二〇〇二年參與「素直種籽二讀書會」後，生活處處充滿書香趣味，遂展開一連串精進課程。期間擔任素直會刊編輯暨「素直人物」專欄撰稿，並推動籌辦各項閱讀活動。期許秉持初心，跟著素直夥伴們拓展社區讀書會的足跡。

訊。講座邀請多位文學大師，如余光中、黃春明、廖玉蕙、楊照等，親臨講演「悅讀生命故事」；素直種籽講師群再以讀書會的方式，帶領聽眾一起享受共讀之樂。活動結束之後，陸續在花蓮成立「素直友會在花蓮讀書會」，在台北成立「3Q讀書會」，期望日後能在各個讀書會學習團體之中，帶入成功老化的觀念而踐行其理念。

在「成功老化關懷計畫」的運作模式下，我們舉辦了很多活動，也成立了「關愛家族讀書會」。透

成功老化關懷計畫「彩繪冬之美」講座。

過每月兩次的聚會，這群樂齡夥伴選擇自己喜歡的閱讀媒材，進行對話討論，不只讀書也讀人，讀世間萬物，分享彼此的生命經驗；藉由團體的聚會，擴大生命空間，激盪智慧火花。在這裡，可以結交一群好友夥伴，一起共讀、共享、共老，真是難得的緣分。

善於陪伴的呂淑真是「關愛家族」的靈魂人物，她憶起，這是個互信基礎很深的團體，成員多為退休人士，年齡分布在四十多歲到七十歲之間，是個混齡團體，多元化主題帶來無壓力的學習，最重要的是愛與包容，形成了如家庭般的自主學習團體。通常一年二十四次聚會，只閱讀兩本書，激勵每位帶領人下足功夫去準備，提供專屬樂齡族群的課程安排。譬如，活動開始讓大家先靜下心來，閉上眼睛靜坐，進行十分鐘養身又養心的調和呼吸，初期由洪美瑱老師專程來帶領，以後就由會友接手，每個法門都有，但皆為正向鼓勵，其實課程巧思是讓成員明白身心靈健康的重要，希望全面觀照，亦能活用左右腦。

老人劇團，挖掘生命喜悅

成員最喜歡旅遊活動，不定期 BMW（巴士、捷運、走路），戶外踏青，看展覽，看電影，歌唱，戲劇，健康講座等等，多采多姿的節目，令夥伴們深覺：年紀大了，並非只有讀書才獲得成長，或許幫助同伴們找到快樂，都是修己助

「關愛家族」最愛 BMW 級的旅遊活動，此為羅東林場文化園區。

人的功課；而俯拾人間皆學問，只要能在生命中挖掘喜悅，同時也為別人帶來喜悅，到處都會開花結果。

在進入書本相關主題閱讀，初期都由淑真帶領，後來會友踴躍認養，先就書

「關愛家族讀書會」海報，展現後五十歲的璀璨豐收。

上說什麼，很認真地用各種方法講解、分析、對話。除了理性感性、靜態動態的媒材，有書也有電影，更有上山下海的戶外活動。陪伴樂齡朋友共同完成一件事，比如一起登山，在不知不覺中攻頂成功，一起表演一齣戲，一起歡唱，都可以激起生命中的喜悅。

今年（二〇一三）新春茶會的表演節目，夥伴們就共同演繹了「一人一故事：春天的故事」而好評如潮。當初會有演戲的構想，源於「老人楷模選拔大賽」戲劇初體驗，當中呈現各式各樣的老人模樣，令成員莫名喜歡。林壽惠發覺，演戲讓他們過足了癮，也重拾孩童般的燦爛笑容，於是請專業的導演來教導，也成立了劇團。每次排練的時間，總是笑聲不斷，完全沒有排演不順，反而不斷創造演出機會，讓成員們互相學習，盡情發揮。這樣的連鎖效應與團隊默契，真是「無心插柳柳成蔭」啊！

人老了不是要享福，而是要有事做

在這裡，除了快樂聚會之外，還能強化會友的社群網路與社交能力，創造終生學習的舞台。請成員來說說參與的學習心得吧！張炳煌說：「來兩個半小時的讀書會，可以讓自己快樂一個禮拜。」蔡秀卿說：「我是來這裡和大家學習的。」淑真則說：「每位成員都有自己的專長，在讀書會裡他們都是我的老師。感謝讀書會讓我在其中踐行成功老化，我還要繼續學習成長。」

新春茶會上表演「春天的故事」。

老而不衰，夕陽無限好，正因有黃昏。簡老師常說：「老了，唯一的工作是快樂。」積極努力為老化找意義，是正面迎向成功的。決心做一個快樂的樂齡老人，在銀髮生活裡發現快樂並維護身心健康、培養雅興；人老了不是要享福，而是要有事做，才會覺得自己是有用的，是被需要的。活得有自信有尊嚴，才有快樂。

8

生命故事

十二片葉的「心」天地

文／張萍

「人生有兩個階段，一個階段是學習，另一個階段是奉獻所學。……人生中值得慶祝的不是生日，而是心智成長。……」這些美好的觀念，來自我最喜愛的書之一——《曠野的聲音》。

讀書會，是一群朋友以書會友，在輕鬆愉快的氣氛中分享，進行有方法、有條理的討論，達到終身學習的目的。

過去的台灣雖說也有讀書會，但形式嚴肅帶著濃濃政治味。八〇年代台灣坊間讀書會還未盛行時，就聽聞：瑞典由街坊鄰居組成讀書會，走幾步就能看見一群人在討論分享，路人也能參與旁聽；美國也很風行名著讀書會，進行有主題的討論。當時心裡好生羨慕，台灣什麼時候才能有遍及街巷的讀書會呢？

張萍，一九八九年開始參加讀書會；九四年快樂享受推廣讀書會，至今仍樂在其中；〇九年學習手工書，發現製作生命故事帶來奧妙與驚喜，隨處結緣更尋覓許多知音。平常喜歡結伴擁抱大自然，獨處靜靜傾聽心靈的鼓聲，人生的黃昏期學習做快樂的自己！

閱讀列車還可開往的方向？

一九九四年，帶著我生命中第一個創立的讀書會「益生花圃」加入素直友會，兩會宗旨不謀而合。「益生花圃」做對生命有益的事，和「於生活中培養、實踐素直的心，並推廣素直精神於社會」的素直信念方向一致，我很認同，亦不知何時，它已成為我人生重要的指標。

那年加入素直友會，瞭解簡老師經營讀書會群的用心用意，發現每個讀書會有自己的面貌，影音、聯誼、才藝分享、專書導

二〇一一年底舉辦的「說寫生命故事展」。從書寫、攝影、編排，為每一個精采人生留下美好記錄。

讀、主題討論、經典閱讀、繪本演讀等多元方式，有讀書會領導人訓練等相關學習課程，也配合著推動與輔導各讀書會成立，是個多層次的組織體。

二十年的讀書會生涯，參與、帶領、培訓、推廣，不知不覺我已把自己推向那不能回頭的閱讀列車上！路愈走愈長愈寬，讀書會愈來愈多元發展，載沉載浮攪和在忙碌的空虛裡，不禁常思考著：讀書會的定位是什麼？自己的定位在哪裡？簡老師常提醒種籽們：「走出自己的風格，找出特色。你們有什麼計畫……？」人的有限性與特質，解不了心靈欲望的渴，在虛空中探尋、再探尋，得自己去找答案！

二〇一〇年底，素直友會依計籌備一個「說寫生命故事展」的活動，我認養了這個有意義的工作，經過漫長一年的催生，期間素直友會用心地聘請老師，協助夥伴們辦書寫課、攝影課、編輯課……，經過大家一起努力，終於在二〇一一年十二月，很成功的「說寫生命故事展」呈現大家眼前，搭著簡老師的《寬勉人生》新書發表會熱潮，佳評不斷，真是欣慰。繁華和熱鬧過後，若就此放手豈不可惜，也許偶而會淡淡想起……

一個生命故事啟動著另一個生命故事

說寫生命故事的種子已播下，我想趁勝追擊！感謝簡老師給予我們許多自由

揮灑的空間，我的思考終於有了回應，我找到了自己的定位，我喜歡生命故事，願為此投入更多。於是邀約許多好友成立「十二片葉生命故事讀書會」，感謝這群真誠夥伴全力支持的熱情，我們訂下目標：

一、為自己找到一個自由快樂的「心」天地；

二、幫助他人看見自己心裡的太陽。

每個月我們安排兩位朋友說生命故事，每個人選自己最想分享的片段或熟悉的人物當題材，用照片、文章、圖畫、影片、聲音……編輯製作，現場四十分鐘分享。一年來大家交叉學習互相觀摩，親眼見證彼此生命的印痕。

三月份，一位女性會友分享灰色的童年往事，引動另一個心靈，兩個女子的童年有著相同辛苦的際遇，一位造成陰影一位卻生性樂觀，她可以背著弟妹，和朋友一起玩跳高遊戲，環境雖然辛苦心境依然快樂。她很幸運在婚姻裡遇見一個好男人，丈夫告訴她：「在婆家妳只要笑。」會笑的她，命運果然大不同。一個生命故事啟動著另一個生命故事，我們從此也學會面對生活裂開嘴笑。

四月份，因為書寫生命故事，我們間接感受到長者的慈悲與智慧。會友說身為中醫師的父親遇到欠錢的病人，他認定對方有苦衷不用討回，只說一句：「有錢就賺，沒錢就賑。」教育孩子方面，父親說：「疼孩子要疼在心裡，

每年每人完成一件生命故事作品，讓台灣庶民聲音成為創作素材，是「十二片葉」讀書會的「心」能量。

不要疼在臉面。」……處在價值混亂的現代社會，他深思，我們也跟著深思。

七月份，一位聲稱自己很木訥的保險人，給自己定一個標題——「我是傳奇」。由賺錢的釣具業轉入天生木訥的人最不適合的保險業，跌破許多人的眼鏡，只因為他聽說很多人把釣來的魚用挫拉的方式處置，叫人於心不忍，決定轉業……。「人，沒有改變，無法立足於社會。」這是他的思維。他的善念與毅力突破不可能的宿命。我們超越讀書，藉著生命故事來印證正確價值觀落實生活的可貴。

活出最好的自己，是一件最棒的傑作

當我們找不到場地時，大家會幫忙，素食餐廳老闆娘是會友林敏姿的朋友，她側耳聽見我們的分享，她說生命故事聽起來真不錯，如果有空，她也想做一本屬於自己的生命故事。生命故事讓我們看見：活出最好的自己，是一件最棒的傑作；每天都快樂地活出自己的好樣子，就是為自己和別人創造一份好禮。

每年每人完成一件生命故事的作品，也是我們生命讀書會共同的約定。生命的故事即生活的踐行，每個月我為讀書會隨意製作一份記錄，寄給大家，累積一年結集成冊。我自己看了都羨慕，若不是做起來了，許多的美好都懸浮在生命各處，飄遠淡去。

「製作生命故事」讓我很開心，每次都做到女兒說：媽，該休息了⋯⋯。我並不是不怕累，只是我找到生命的意義，也希望身邊的朋友感受到這些平常生活裡的幸福與智慧，是多麼可貴。推動生命故事，是我修己助人的代名詞。

最近新聞出現「國民記憶庫」計畫，google 一下，原來是文化部二〇一三年的規劃，要以「個人史」角度出發，系統性典藏台灣人民的口述歷史，推廣人文創作，讓台灣庶民聲音成為創作素材並雲端化。這就是我們生命故事讀書會的理念。原來美好的生命自己會找到彼此，在某處相遇！這些故事終將激發我們的內在心靈能量，建立信心與勇氣，真實而自在地活出有尊嚴、有意義的一生！

9 種籽培訓

好學樂助的讀書會帶領人

文／簡靜惠

二〇一二年素直友會二十五週年的紀念會上，有七位志工授證為「素直種籽講師」，他們是：謝長安、黃莉莉、鄭幸麗、張萍、劉敏、林月碧、呂淑真。其實，多年來在素直友會這個大家庭裡學習成長、帶領或授課的會友、志工、種籽群很多，他們自動自發地在不同的讀書會，發揮每個人不同領域的才能，修己助人，推廣讀書，建立書香社會，都是素直的種籽群。

種籽的盟芽：以培訓課程強化能量

一九九四年，教育部把「讀書會」定為終身教育發展政策來推動，但對其架構、運作還不十分詳盡。因著素直友會與日本PHP友會的關係，我們借鏡日本的讀書組織觀念，建立台灣風格的讀書會。台灣與日本民情文化不同，日本人態度嚴謹，尤其在團體組織制度的管理上有很多可供參考之處。藉著基金會與日本PHP研究所交流之便，我時常邀約江口克彥所長，以及友會擔當的小澤弘道先生來台指導。讀書會在發展早期常碰到的問題，諸如：人數不足、時間不定、連繫不便、如何登記組織、兩個以上讀書會群如何聯誼管理……等等，這在現在已不是什麼大事，但二十六年前讀書會剛起步時，PHP友會的確給予很大幫助。

一九九五年起，基金會受教育部委託，策劃主辦「讀書會帶領人培訓課程」，期待培養一群推廣讀書會的帶領人。與別的讀書會課程不同的是，我把素直精神加進去，那是一種由自己出發，成就自我也幫助別人的一輩子功課，不只是帶領讀書而已。所以，當教育部的重點政策轉向後，素直友會的培訓課程仍持續在舉辦。

記得第一次的培訓課程，參與學員都需經過素直友會審慎的面談，必須具備真誠純樸、開朗無私的心態，有服務的熱忱，喜愛閱讀，才可被錄取當學員。謝長安、黃莉莉、鄭幸麗等都在當時就已被錄取，進入讀書會帶領人培訓的領域了。

「素直種籽讀書會」是一群資深的讀書會帶領人自動發起成立的，他們以志工自許，每個月聚會二次，展開素直心的修練，培養帶領人應具備的涵養，學習並演練讀書會的帶領方法。素直種籽團隊的發展過程，我以尊重放任的

二〇一三年讀書會帶領人培訓，進行分組討論。（楊雅棠 攝影）

態度，關心但不干預，種籽們自我學習成長的空間很大。我盡量提供我的所知及我的資源幫助他們。

開始的前幾年每兩個月一次，除了由我自己授課之外，也聘請專家學者為他們講課，包括PHP素直精神、演說法、意識會談法、讀書結構法、人際溝通、親子關係等教育課程等。

每到歲末年終，種籽們很主動地、開心地聚集慶祝，也很嚴肅地做檢討：

「我們的目標是什麼？」
「我們的意願是什麼？」
「我們的信念是否與我們的意願一致？」
「我們希望引發出什麼樣的結果？」

我看著這些種籽群在年復一年的培訓過程裡，有時會伴隨著自我懷疑的挫折感，或是堅持力不足而進進出出，留下來的都是不忘初衷、好學樂助的一群。我也一直扮演著相伴鼓勵的角色，給他們方向及必要的資訊營養，當然我也會跟著大家放下壓力，一同玩樂一番。期待每個種籽回到最初的意願和信念，永不氣餒放棄。

種籽的果實：不忘初衷，跨步推廣

二〇〇一年底，種籽謝長安深知現代人喜行樂又不願失去學習的性格，在素直種籽讀書會裡玩起「讀書會一日遊」，好玩又可學習。我知道後大為興奮，把成人學習和團隊組織的觀念加進去，發展成一日或二日的課程。

課程有講課也有分組，其實是模擬組成讀書會的整個過程，選會長，定會名、宗旨目標，分配工作訂計畫，當然也有讀書討論的方法、永續經營的經驗等等，還要找會歌做隊呼，讓大家有團隊意識，結束時還得以海報呈現。我們打破刻板的讀書印象，所有的學習都在輕鬆有趣的遊戲心情下完成，不僅喚起大家的童心，更讓大家感受到原來「書」可以這麼多元，「學習」是這麼好玩，而愛上「讀書」與「讀書會」。

二〇〇二年，素直友會與佛光山的人間佛教讀書會結盟，共同推動閱讀，由我當頭馬，帶著種籽群到台灣、東南亞、日本、美國、歐洲等佛光山的分別院及各道場，舉辦讀書會帶領人培訓課程，就是用這樣輕鬆的方式講課。期

素直友會自二〇〇二年與人間佛教讀書會結盟後，持續培訓交流。此為第十一屆「全民閱讀博覽會」的盛大場面。（楊雅棠 攝影）

望打破宗教人士的刻板印象，走入更寬廣的讀書世界，不再只是拿香拜拜的信徒而已。

二〇一三年八月間，在新北市的金光明寺，佛光山第十一屆「全民閱讀博覽會」台北場，我應邀參加分享經驗，看到在豔陽下千百個讀書會聚集隊呼的熱鬧場面，會場裡四周的牆上貼著幾百張讀書會海報，非常壯觀，讓我相當震撼與感動。

素直種籽們也常接受不同單位的邀約，包括各地縣市政府，國高中、大學各級學校，公私立圖書館，企業團體……等，足跡遍及全台。有香光寺、印儀佛學院、亞洲及台灣德噶基金會等佛教團體；也有桃園善品書舍、台南安平國中……等。甚至新加坡南海飛來觀音寺等，都有種籽們帶領培訓推廣的痕跡。種籽講師鄭幸麗更遠赴中國大陸，開創出不同的讀書會新風貌。

二〇一三年起我邀約資深志工及種籽講師群，半年一次到我家聚會，稱為「素直與書的饗宴」，有美食（每人的拿手菜），有書（已讀、未讀或正在讀的），每人說說這一年來相關的讀書會推廣等。把素直心與讀書修己助人融入生活，是我今後的生活寫照，也是傳承素直友會理念的場域。

10

志工培訓

做志工，也讀書

文／簡靜惠

素直友會成立二十六年了，回首這些年來跟著友會一起成長的朋友，已與自身生命相連，有著共同的回憶。友會成立之初只是單純的讀書也聯誼，謹守著非營利的學習團體立場，先讀書修己再助人，沒有所謂志工。除了由洪建全基金會提供聚會場地，經費上僅編列參與日本PHP友會的交流等預算，各讀書會自給自足自主，以會友服務會友，分享也共享讀書之樂。素直的讀書學習，是在服務中充實自己，得到身心的滿足感，與一般純享樂的休閒活動不同，也不是如社福或宗教團體一味地助人而已。

素直志工的領頭人

種籽講師之一的謝長安提到，當年曾在基金會舉辦的「幸福人生系列」熱門講座時，參與了行政支援的志工服務。他說：「每場課前，志工們均興奮地在現場忙裡忙外，協助打點相關事務。演講開始了，志工們自行尋找空位就座，聆聽台上精采的講演，包括心靈、勵志、哲學、文學、音樂等內容。想起那段日子的點點滴滴，讓人回味無窮。」

一九九四年，長安報名了第一屆的讀書會培訓課程當學員，之後就一頭栽入素直友會的大家庭裡，是位熱心服務、快樂經營讀書會的志工頭。

讀培課程展開後，愈來愈多的讀書會加入素直友會，與日本 PHP 友會的交流更為頻繁，友會需要志工協助的地方也愈來愈多，早年的鍾楊壽美、徐素英、朱育德、蕭碧霜等都是志工。另一位早期協助行政的黃莉莉，則是參加「自我人生的開拓課程」的學員，課後熱心地組「野薑花讀書會」及「種籽讀書會」。

他們是最早投入友會行政協助的兩位志工。長安坦然無私、寬廣開朗的心態與素直精神相近，幫助我在友會草創時期訂立原則與目標；莉莉嚴謹確實、好學的個性，在方法學習與行政規劃上，幫助素直友會向外推廣擴散。二人都是「素直種籽讀書會」的發起人，是素直志工的典範。我的老同學林貴真則提供課程上的協助，我曾聘她當總幹事，她擅長講演及帶領讀書會，之後經營「爾雅書房」，打造出另一片燦爛的天空。

素直友會定位在非營利的學習團體，不以擴張為目標，實質上我更嚮往素直

精神的真誠寬廣，自在無私，所以在友會裡，我以志工自許，又讀書又遊戲，又有志同道合的會友。所有在此學習成長的會友，都被鼓勵各自發展推動書香，從自身做起，行有餘力再幫助他人。

後援部隊的情操與堅持

洪建全基金會成立三十五週年時，整修會址增闢了素直室，與敏隆講堂、覓空間鼎立為三個目標，永續經營。「素直室」裡有不同的讀書會定期來此聚會，朗讀素直公約信條，讀書聯誼；「敏隆講堂」開設一系列的文史哲藝社會科學等課程；「覓空間」以小型替代空間的形式，舉辦著與社會議題相關的藝文展覽。會友們來到基金會裡讀書，建立學習的友伴，也可以參加講堂的文史哲藝課程，或看看覓空間策劃的現代藝術展覽，很是熱鬧。

因此，基金會的櫃檯須有人力配置，接待及照應所有來訪的社會大眾，素直友會的會友於是義務當志工，支援行政及櫃檯服務。服務的範圍除了原有的讀書會推廣、課程規劃及授課、活動規劃，還包括櫃檯值班（電話接聽、轉接、訪客指引等）、才能分享、會場引導、講座行政支援，及圖書諮詢等。只要有服務的心，不限年齡都可加入成為素直志工群。

為培養志工群的素直心與向心力，乃正式成立「志工讀書會」，林月碧、詹

素直志工群熱忱支援會場導引、櫃檯服務。

美玲、鄭沅東等是先後任的會長。我也積極投入，定期與志工群相聚共讀，說說我所知道的松下先生的小故事，也整理我的讀書季報與他們分享。行政櫃檯工作較單調，屬後援部隊，如無內在的情操、堅持與耐力，又不像當讀書會帶領人或講師般上台講課的風光，所以素直心的掌握與彼此的情誼鼓勵很重要。

我們以讀書會的方式定期提供培訓和學習課程，舉辦戶外聯誼活動（如參訪蘆洲李宅古厝等），在年度大會加以表揚，也不定期舉辦專題講座。志工群大都是職場退休族或家庭婦女，友會給志工繼續參與社會、與外界接觸的窗口管道，志工群彼此間由陌生變熟識，漸轉為知己好友，儼然是素直大家族。

素直友會非常重視這群志工，他們不僅在人生與職場上經驗豐富，更滿含著素直心，是推展素直精神的尖兵。

IV

十種帶領風格

松下先生說過：人類是偉大的，每個人都有不同的才具能力，沒有高低貴賤之分。只要認同素直精神，會友們可以參加一個或一個以上的讀書會，他們可以是會友，也可以是帶領人。因組成群體的不同，各有不同的內涵與訴求，帶領人配合著發展帶領風格。帶領人的特質投入，也可發展出各具特色的讀書會。

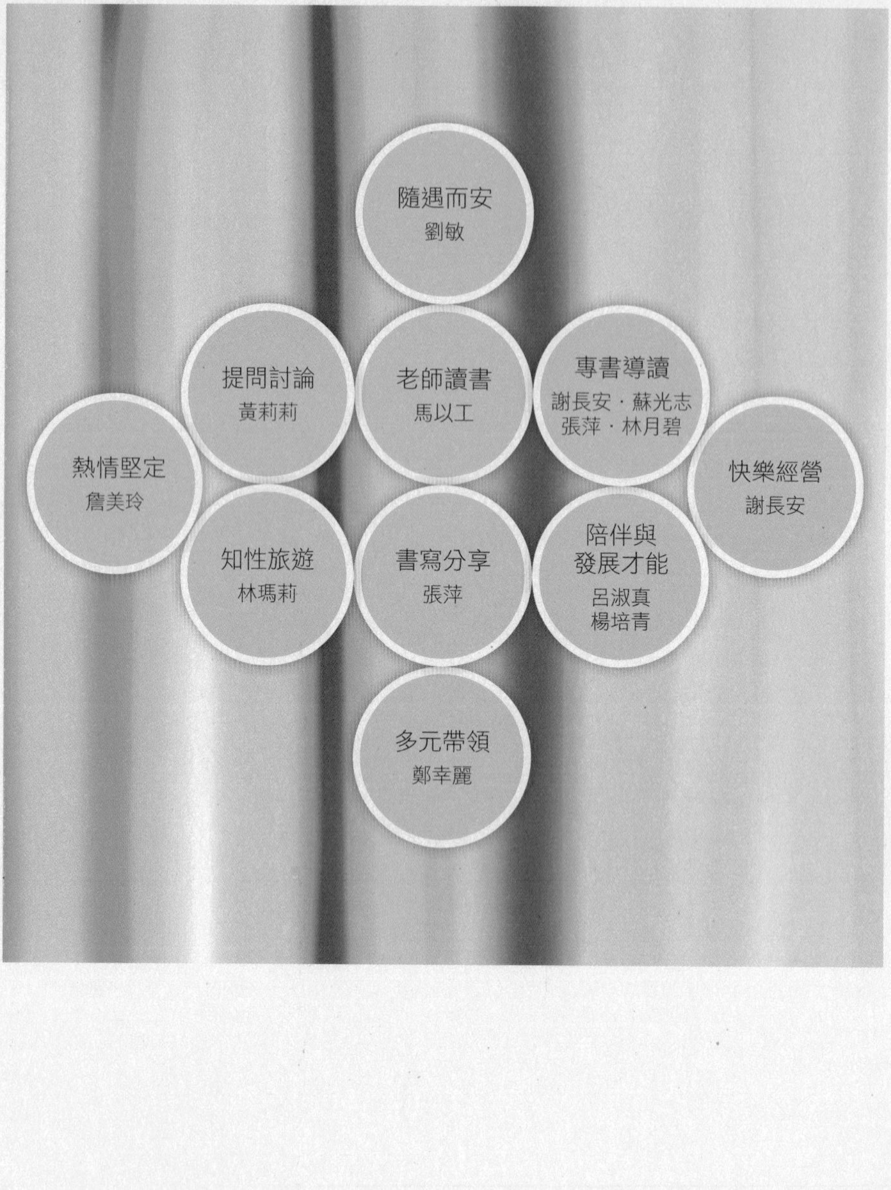
隨遇而安
劉敏
提問討論
黃莉莉
老師讀書
馬以工
專書導讀
謝長安・蘇光志
張萍・林月碧
熱情堅定
詹美玲
快樂經營
謝長安
知性旅遊
林瑪莉
書寫分享
張萍
陪伴與
發展才能
呂淑真
楊培青
多元帶領
鄭幸麗

快樂經營

過得還不錯的十八年

文／謝長安

十八年前的某一天，在非偶然機緣下報名並經過面談，正式成為洪建全基金會「讀書會領導人培訓班」的學員。當課程結束後，由基金會推動的素直友會，鼓勵學員續緣組讀書會，我也就應觀眾要求組成「明心會」。當初為何取這名字已久不可考，個人更被拱上當會長，配合素直友會的精神，讀信條公約、讀書、培訓、推廣。至今已白髮斑斑，比起個人其他生涯，參與讀書會是最漫長、優美的路，當然除了婚姻。

即使只剩下一頭牛

自從當了讀書會會長，既興奮又惶恐，完全依照自由心證安排行程、處理會務、導讀帶領……，一年復一年，直到不知哪一次的聚會，竟然只來了兩位，其中一位是我自己，瞬間如晴天霹靂，心情掉到谷底。那時，腦海中突然浮

謝長安，自一九九五年參加素直友會舉辦的「讀書會帶領人培訓班」後，隨即繼續參與相關活動，踏上讀書會快樂之旅，並實踐於生活。二〇〇二年開始跟著素直友會夥伴們展開巡迴分享「快樂經營讀書會」的故事迄今。

現簡老師上課曾講過「牧師與牧童」的故事（見《清醒的心》，簡靜惠著），故事中那位牧童給菜鳥牧師上了一課：「即使只剩下一頭牛，我還是要餵牠！」頓時讓我釋懷，不再憂慮人多人少，姑且就把那位朋友當成我的貴牛，繼續玩下去吧！這一玩，就玩了十八年。

話雖如此，心裡難免揣揣不安，當次就自改讀書會行程，手工製作了一張通知單（當時電腦尚未普及），立即郵寄給會友。通知單上這樣寫著：「這個月的讀書會暫時不用讀書，我們要來討論『明心會何去何從？』。」結果不出所料，那次聚會的出席率竟高達九成。見面時，大家臉色凝重且異口同聲地問：「會長，到底出了什麼事？」我開玩笑地說：「會長沒事呀！只想大家來……」那次討論中，我特別提議：「既然出席人數不高，可否考慮與別的讀書會合併？」結果沒有一個人贊成，有人還嗆聲：「再苦，也要撐下去。」讓人聽了「足感心」。

就這樣，明心會繼續運作，我當了四年的會長。直到今日，在多任會長的努力經營下，新增了不少朋友。難能可貴的是，有人從當年的小姐、家庭主婦或帥哥，如今已分別升格為婆婆、阿嬤或歐吉桑了，更經常攜帶孫兒女前來共襄盛舉，形成難得一見的三代共聚讀冊的溫心場面。

只有人拋棄讀書會，讀書會不會拒絕人

「快樂經營，經營快樂」的謝長安。

某次聚會，一位阿嬤沒有讀完書，自己有點愧疚，靦腆地說：「這次因為忙著……，所以書沒認真讀完，我是水昆。」剎時把我給搞糊塗了，我只聽過金庸小說《倚天屠龍記》裡有個壞蛋叫成崑，從來沒聽過「水昆」。後來聽她解釋，才知是揶揄自己在「混」的冷笑話。另有一次，我們選了一本較艱澀的書，有位朋友很客氣地說：「我沒有慧根，這本書看不太懂。」我笑答：「沒有慧根沒關係，只要你『會跟』就好啦！」其實大家把讀書會想得太嚴重了。簡老師說過，沒讀沒關係，只要打開雙耳，聽也是學習呀！

不論在讀書會推廣課程，或有機會在別的團體與他人分享經驗時，偶而談談自己在讀書會經歷過的趣味故事或心裡的真心話，不僅逗得大夥兒開懷大笑，更增強參與者對讀書會的信心與認同度。看到大家自在放鬆，講出一堆自糗或糗人的笑話，是我最享受的時刻，也是讓我無怨無悔地留在讀書會的最大動力。

每當有人問起：「如何經營讀書會或持續維持讀書會的活力？」我都回答：「我只見過自然人拋棄讀書會，未曾聽聞讀書會拒絕自然人。」一切出於自己是否有自然的素直心，能否獨立思考，還是把初衷忘掉。

明心會會員守則：「享有優先當會長特權；不考試，沒作業；愛待多久，就待多久……」幽默的特色，讓你輕鬆愛上讀書會。

二○○一年底，我把簡老師教給我們的一些讀書會方法，加上我的觀察心得，在「素直種籽讀書會」研習時，設計了「讀書會一日遊」，又讀書又遊戲，玩得很開心。剛好（二○○二）素直友會與佛光山人間佛教讀書會結盟，簡老師領著我們這群種籽，展開了到處讀遊的課程，而我也很自然地每次都被推派主講讀書會的精神與態度。我只要把握「快樂輕鬆」、「讀書不要有壓力」的原則，把在讀書會裡收集到的糗事笑話搬出來，都能讓大家哈哈大笑地愛上讀書會。

也因為這樣的心情體悟，我曾把自己一處住所的部分空間，在週末假日時開放做為讀書會聚會場地；每逢簡老師應邀主講讀書會的帶領課程，我都會在第一時間響應配合；看到好書或好電影，也自購送人或推薦觀賞。大家說我是素直種籽第一號生力軍，其實我只是略盡推廣素直讀書之責罷了！

回顧十八年來，我從別人身上看到自己，從書本上見到世界，更讓我完全體會到「人類是世界上最可愛的生物」。雖然偶而有爭論、憤怒、不平、迷失、或妒忌等自己看不順眼的當下，甚至不喜歡自己，這個時候，建議找本自己喜歡的私房書讀讀，或看場電影（很多電影也是改編自書本），當然，到讀書會去是最有效的妙方。

謝長安也是推廣領讀人培訓的第一號生力軍。

2

專書導讀

想讀，享讀

文／張萍

閱讀一本書，就像打開一扇窗，遊歷到另一個世界。古人說：「讀未見書，如遇良友；讀已見書，如逢故人。」閱讀開啟新視野，探尋古今中外，體驗不同人生，鍛鍊思考，明辨事理。若能把讀書提升到享受層級，或許先有導讀人穿針引線，更能牽動「享讀」的心！

導讀，需要充分事前準備，選到對的書已成功一半。選一本自己喜愛並認同的書，若同時順應潮流更好，認真收集相關書訊做橫向的比較，提高導讀的視野；縱向充分消化內容，歸納出書中精華，提出些自己的觀點、自己的收穫，並對書做個整體評價；導讀過程拋出一些問題，提高討論氣氛。能做到這樣，應該是兩相受益。

好的導讀，讓聽與講的心更貼近

二〇一一年素直友會成立二十四週年之際，提出「素直公民」的概念，鼓勵讀書會朋友「心存善念，多做賢事」，踐行為學與做人之道。二〇一二年特別舉辦「專書導讀」活動，由種籽們帶領導讀好書，誠摯邀請喜愛閱讀的朋友同享共讀之樂。

種籽謝長安提出構想，也負責執行四次的活動，三月第一棒就由他領先導讀《老得好優雅》（瓊・齊諦斯特著，唐勤譯，天下文化出版）。這本書點出老年的價值，以四十個主題教導人們在步入老年的最後一個黃金成長階段，該如何轉型，活出生命的優雅巔峰。生命不是只有年紀增長，更在於活出每一個人生階段特有的價值。

長安將全書四十個主題表格化，運用圖像加深讀者的印象。每一個主題分兩個方向：「包袱」與「福賜」，做為優缺點的比較。例如：主題「未來」，這段歲月的包袱是，以為已經沒有未來；這段歲月的福賜是，可為「活著、做自己、充滿生命」帶來另一種完整的意義。長安以一貫幽默的風格，挑選其中幾個項目和大家討論，加上他自己生活上的例子，讓聽與講的心更貼近。這場專題獲得滿堂采，會後還分贈好書與現場朋友同樂。這是他特有的導讀風格——幽默與好書分享。

蘇光志的導讀風格是認真、理性。

六月，蘇光志導讀《世界跟著他的想像走：賈伯斯傳奇》（王詠剛、周虹著，天下文化出版）。怎麼和大家談一位多數人都熟悉的媒體寵兒呢？光志準備了幾十張PPT，把賈伯斯的成長背景、一生的貢獻等，分門別類，完整地透過簡報一張張呈現。他的風格是認真、理性。

選一本書，像選一位戀人讓自己愛上

九月由我導讀《人生，要活對故事》（洛爾著，賴俊達譯，天下文化出版），這類書是我有興趣讀的書，近年來都埋頭在尋找生命故事的奧祕，聽說這本書會幫助人蛻下老故事，活在對的故事裡，豈能錯過！我一讀再讀，有時停下來和書對話，問問怎麼倒出老故事，怎麼做才能看見自己被綑綁、被卡住而施展不開的困境？我反覆問，前後找答案，讀出一點滋味，很樂意和大家分享心得。

我的導讀沒有PPT，只製作了一本精美的講義，我喜歡用故事來傳達作者的想法。書中一位失意的運動選手，在作者的幫助下倒出老故事，生命卻重新注入活力，透過八個階段的修正，選手再度踏上美好旅程。我也有自己翻新生命的故事，一個淹沒在處處挫折、委屈滿腹的靈魂，蛻變成快樂、感恩、付出的蝴蝶……，真實人生的轉捩點無所不在；我改變後為家人所做的生命故事，也改變了我們的緊張關係。

張萍用故事和現身說法，讓別人一起戀上她愛的書。

我的現身說法，現場的朋友感受到了，他們給了我熱烈的迴響：「原來自己先改變，有助於改善與家人的互動。」「哇！讓老婆和兒女們偷偷講老爸的壞話，也能增加歡樂氣氛，這樣的犧牲我願意。」「我們要怎麼做生命故事？」……。改變故事，改變命運，調整人生軌道，改寫人生故事，每個人都有權利讓自己活得更好。

十二月由林月碧導讀《真原醫》（楊定一著，天下雜誌出版），她自己正在踐行健康飲食，導讀這本書更契合。《真原醫》書中提出，要達到最佳的健康境界，必須全方位改變我們的生活，包括飲食、運動、呼吸、思想與情緒管理。總之，要從生活中每一件事做起。

林月碧是一位退休老師，很擅長整理重點，沒讀書的人也能參加，不必擔心無法融入，只要能入席傾聽，必有所獲。座無虛席的會場裡，書讀得最認真的莫過於導讀者，想起她分享的黃金綠鑽糙米飯，讓人垂涎三尺。想像每天更換不同健康蔬食，每天運動四十分鐘，保持正向思考，多美好的人生呀！

我們的四場導讀，各有各的風格與特色。選一本書，像選一位戀人讓自己愛上，也把他介紹給別人，讓別人也一睹他的風華。一個成功的導讀人，在技巧上必須具有足夠的經驗、涵養和真實體驗，才能將導讀帶得有聲有色，讓人輕鬆享受聽書的樂趣。也許有一天，你聽過一場好的導讀會，也會隨手拿起一本書，想讀！

林月碧擅於整理重點，更有一手好廚藝。

3

陪伴與發展才能

穿針引線，只要你在就好

文／楊培青

素直友會培訓課程結束後，後續由素直種籽團隊輔導成立讀書會。主要是希望參與的學員除了徜徉讀書的快樂，也能激盪智慧的火花，獲得豐富的生活資訊，享受悅讀的人生；年復一年的籌劃，課程為起點酵素，組讀書圈綿延理念，書香繁華遂此開展。其附加價值，亦能創造自我表達力、組織力及領導力，培養新世代領袖人才，傳承閱讀的寶貴經驗。

而樂在其中的不僅是學員而已，還包括陪伴在側的種籽們。在此介紹兩位種籽的帶領風格，都屬陪伴共學，繼而發展才能。

如母親般無私奉獻的愛

種籽講師呂淑真長期帶領規劃「成功老化系列課程」，之後成立「關愛家族讀書會」。團體運作方式和一般讀書會略有不同，焦點放在共同營造一起學習成長的氛圍，進而分享與關懷；過程中則適時地讓成員發揮自我專長，不僅能給予也有收獲，進而為團體付出，歡笑感動之餘，慢慢地喜愛這個團體，產生歸屬感。

淑真扮演陪伴協助的角色，引導大家以讀書會模式結交「老來伴」，共讀互助，分享正確快樂的人生觀，以細水長流之姿，默默發揮彼此的影響力。對高齡長者而言，在讀書會裡有人分享、有人傾聽，人人都有盡情揮灑的舞台，就是最好的安定身心的靈藥。

「任何一個地方讓你覺得快樂，那就是你的家。」她視「關愛家族」為自主型學習的大家庭，然而開啟家庭的鑰匙，其實就是無私奉獻的愛：對待每位成員，總是親切問候；喜歡帶大夥深度導覽遊玩，上車下車不忘瞻前顧後，以免疏忽了哪位夥伴；照顧初次踏入的年輕成員，深知他們因陌生而顯焦慮的情緒，特別需要耐心陪伴，猶如對待幼苗般呵護凝視，殊不知在其豐厚羽翼的保護之下，樹苗益發顯得滋養茁壯啊！

從淑真身上，濃烈感受其對待成員彷如母親般，就像《東京鐵塔——老媽和我，有時還有老爸》中，作者所形容慈母的模樣——溫柔慈愛又體貼包容，也活脫呈現日本詩人相田光男的短詩〈只要你在就好〉：

溫柔體貼的呂淑真，以無私奉獻的心陪伴「關愛家族」學習、分享、關懷。

只要你在那裡
那裡的氣氛
就會變得愉快
只要你在那裡
大家的心
就會變得平靜

我也想變成
那樣的你

陪伴共學，匯聚彼此能量

我從二〇〇九年參與「從閱讀到書寫」課程志工，這是素直友會強力推展的課程之一。它的目標是：一、涵養書寫的興趣，滋養書寫的能力；二、藉由書寫，統整閱讀感悟和生命體驗，提升閱讀品質；三、提供書寫同好者分享的平台，組織書寫團體。每年皆邀請學有專精的教授學者前來授課，林貴真、林美琴、廖玉蕙、須文蔚等都是深受會友喜愛的老師，而我有幸一直在旁協助。

每回課程結束，都會期待誕生一個新會。書寫團體並無一套參考範本，在一

開放、圓融、互動，是楊培青的帶領心得。

切歸零的震撼教育之下，陪伴其中也經歷其中。然而書寫的啟發與行動，個人的程度各異，無法要求也無法規定，倘若有成員受到鼓勵激發的果效，進而提筆為文，其實就達到初心立意了。

我每每在參與「從閱讀到書寫」的課程到讀書會組成，學習反芻激發鬥志，鼓起勇氣，參加二〇一二年「震怡基金會」的徵文比賽，榮獲新詩類的貳獎。當時捷報傳出，驚喜興奮之餘，似乎也對同伴們迴盪起微妙的鼓舞作用。這個結果實在出乎預期，一路陪伴共學的過程裡，其實收穫最大的人，還是自己！

「能關心別人、愛護別人，就是有福之人。」秉持素直初心，我持續經營著，期盼團體一天天壯大熟成，開出屬於各自樣貌的繽紛花朵。參與的成員余秀蘭如是描繪：表面上，大家的討論互動，感覺像是文學的靜湖中，共同盪著一葉輕舟，舒舒服服地輕搖慢擺；實際上，每個人的心中都對當週的文本素材，有著多元的觸媒發想與延伸思考。然則，湖面下隱然而擴散的漣漪迴圈，總能令她在緊湊生活的狹小空間裡，怡然回味共讀的靜好滋味。

從參與帶領到協助輔導的過程中，我深刻體會：帶領人的角色固然重要，卻不必要是一個最有學問的人，其任務就是扮演穿針引線的角色，而團體方向則倚賴全體成員的共同耕耘。唯有在開放的氛圍裡，體驗生命真誠的流動，

種籽二讀書會聚會合影。

將自己的心門打開，逐漸釋放個人的框架，而以寬容、圓融的態度來應對。這段帶領與成員互動的歷程，更是彼此的能量匯聚，我在讀書會中探索學習，同時也在其中茁壯成長。

簡老師的叮嚀迴響於耳：「讀書會擴展生命空間，激發不同思考，有機會要為自己而寫。」於焉開闢一方園地，播撒書寫的種苗。而我也深刻感受文字真實留下的珠璣印記，期盼秉持初心，路途上不斷校正自己的方向，讓我們一起徜徉享受讀書會的豐美與喜悅。

4 隨遇而安，滿地開花

安靜讀書，共享歲月靜好

文／簡靜惠

某天，我約讀書會的朋友到家裡唱卡拉OK，我跟大家說：「今天不讀書，只唱歌！」我當「頭馬」上課演講時有些嚴肅，但當「回頭馬」跟大夥兒一起玩的時候更開心。其實我唱得並不好，但我喜歡唱，也帶頭唱，我說這是「笨鳥先飛」，大家說：「老師唱得這麼難聽都唱了，我們還有什麼不敢唱的！」氣氛一下子熱絡起來。這就是我愛讀書更愛遊戲的風格，素直友會的會友帶領人，也都具有此種傾向。

愛唱歌的都到了，只缺「野薑花」讀書會的劉敏，我們稱為「大劉敏」。友會另一位帶領兒童戲劇閱讀的劉敏，是「小劉敏」。大劉敏如一陣風似地來了，她人美歌聲又好，老歌新歌都能唱。用素直的心讀書，在歌聲中抒發情緒，共享歡樂，也分享生活的點滴心得，歲月靜好更能珍惜當下。

讀書會的種籽就像花的種籽，將「樂在閱讀」的心念散播大地。（楊雅棠 攝影）

這天劉敏抱了一大堆相簿和剪貼本，進來就喊：「我剛剛上了馬叔禮老師的課來的。簡老師，我要秀給你看這些照片……」真的很不簡單，劉敏把這一路參與讀書會的照片都收集編列成冊。十九年了，當時是多麼年輕呀！

大劉敏的個性活潑熱情，也很熱心，屬「喫好鬥相報」的「眾樂」人物。早在一九九四年，我在基金會為女性朋友開「自我人生的開拓」課程時，她就來參加了。課後組讀書會，取名「野薑花」，取其不起眼但遍野皆見，隨遇而安，花白葉綠，散發淡香，不與別花爭艷之意。

劉敏義無反顧地擔任第一、二屆的會長，每一次的讀書會她都熱情邀約並提醒會友參加，也邀請別的讀書會一起辦活動、看電影、郊遊、參訪……。在讀書會剛起步，沒有什麼前例可循的情況下，劉敏就在踐行：以素直心學習傾聽他人，讀書也讀人，一步一腳印，在知性、理性與感性中自在地體會成長。

大劉敏也曾參加種籽培訓課程，但她並沒有像其他的素直種籽般，跟我一起辦課程當助教，而是視自身的情況盡可能去推廣讀書會。她曾因胃疾住院受到關懷照顧，在身體恢復健康後，加入義工行列，也組「身心靈讀書會」，與病友分享心路歷程，已有十五年之久。劉敏還有另一大成就，她生了五個小孩，都是她一手帶大的，如今都已大學畢業，陸續準備婚嫁了。

「野薑花讀書會」的劉敏活潑熱情。

劉敏說：那些年，我的孩子們從小學、國中到高中都有家長會，學校也在推廣讀書會，剛好我有參與素直友會的經驗，就和家長們組讀書會，說故事並分享孩子的成長過程。媽媽去參加讀書會是我們家的大事，也因為這樣的風氣，孩子們都愛讀書，習慣也很好，這都是當年熱烈參與讀書會的成效。

當年如劉敏一般來上「自我人生的開拓」課程的女性朋友，隨著個人的際遇發展，將讀書會的元素帶入生活，成就自己也成就家庭的例子還有很多位。她們或已婚嫁、為人妻人母，甚至是阿嬤了。伴著歲月的成長，她們在此安靜讀書，共伴聯誼，交心解憂，共享歲月靜好。

野薑花讀書會成立十週年會友合影。

用素直的心讀書，歲月靜好更能珍惜當下。（楊雅棠 攝影）

5

老師讀書，大家聽書

深度學習兼社交聯誼

文／馬以工、簡靜惠

二〇〇三年四月，我在靜惠的邀約下成立了一個名為「紅外線」的讀書會，十年來我愧為指導老師，其實是大家聚在一起再成長。成員都是靜惠與我有幾十年交情的好朋友，且是陸續加入的。她們都有很好的家世與家教，本身都非常努力且受過高等教育，事業有成家庭美滿，喜好藝術文化，見解與見識非凡。她們有一個共同點，都嚮往歷史文明的高遠與中國傳統文化的深邃，對宇宙新知也很神往，很願意坐下來一起深聽學習。剛好我對大自然及歷史文化的熱愛累積了一點皮毛知識，拿來與她們分享竟被稱做老師，真是愧不敢當。

靜惠是我的結拜大姊，她就是這麼一個創造奇蹟的人，輔導成立了許多各式各樣的讀書會，她說也可以「老師讀書，大家聽書」，一起相聚學習就是讀書會，「紅外線讀書會」於焉成型。

馬以工，第三、第四屆監察委員。曾任台北市文化資產審議小組委員、行政院文化建設委員會委員及文化景觀審議小組主任委員、中華大學景觀建築系主任、行政院環保署環評會委員、《大自然季刊》總編輯、副社長等。

「紅外線」是紅學家周汝昌，為正規文學研究之外的《紅樓夢》探討所給予的稱謂，實源於當時我批評了某位大「家」不懂《紅樓夢》，被嗆說那你來談談。只好翻出少女時期託人到香港買的俞平伯、吳世昌的紅學經典作品，以及快被我翻爛的華正書局所印俞平伯《紅樓夢》校本，開始「老師讀書，大家評書」的日子。

好在一兩個月才上一次課，而我之前數十年教書生涯被學生磨練出做 power point 的技術，在網際網路愈形普遍，數位科技日新月異下，不管《紅樓夢》的內文、圖片及個人的一些見解，透過投影片，大家就可以讀下去了。

《紅樓夢》可跳著讀、挑著讀、坐著讀、躺著讀都不會有影響。我們只讀一至五回、十六至十七回、二十二至二十五回、二十八回、四十九至五十回、六十三回、七十回、七十五回，穿插其間。我們從秦可卿的死亡先談冬至的節氣，再來探究甲戌本為胡適重金購得後，

「紅外線讀書會」上課情形（左），課後與馬以工老師（上圖前排左三）合影。（楊雅棠 攝影）

可卿淫喪天香樓的佚文及刪節，都成了課題。我們的課程題目像是冬至、冷香丸、荼蘼、螢、伏、箏、飛鳥各投林等等，有些像《源氏物語》的帖名，是紅樓夢的「曹氏物語」化。學員的程度高，見識豐富，許多的場景人物經過共閱討論，產生出來的感覺與感動已不再是當年「為賦新詞強說愁」的情境了，也與一般坊間的紅學說書只聽講，談論兒女情的課堂不一樣。

曹雪芹曾自己將書名改為《金陵十二釵》，點明了第五回是關鍵，我們除了讀第五回，也尋找識詩中雍正奪嫡的蛛絲馬跡，順便也講六朝金粉，甚至瘋狂到由我帶領大家，在六月酷暑到南京去體會曹雪芹的成長環境，去看曹雪芹出生地原址上才落成的江寧織造博物館，憑弔一番。

《紅樓夢》中，曹雪芹以牡丹比喻薛寶釵，用了羅隱形容牡丹的一句唐詩「任是無情也動人」；紅外線讀書會也順勢辦了一次洛陽牡丹見學之旅，只能用「千載難逢」「嘆為觀止」，來形容我們在清晨的王城公園看到的近萬朵嬌豔欲滴的牡丹。

藉著第二十二回〈聽曲文寶玉悟禪機〉，我們去日本高野山體會唐密的壇上伽藍，中間也用《發現台灣》及我的本行「建築與文化資產」調節一下。我相信紅外線的成員們多少有一點收獲，但說真的，十年來收穫最多的竟是我自己。

（馬以工）

以工是我結拜的七姊妹之一，博學多聞、聰慧且記性又好，她研究《紅樓夢》多年，自成一格。她謙虛地說：「我的《紅樓夢》不能登大雅之堂，也不能算是紅學的流派，只能給自家姊妹講講玩玩。」那麼，我們就組一個「紅外線讀書會」吧，不定期聚會，可讀書也聯誼。

紅外線讀書會的活動安排十分精采豐富，大多由馬老師指定《紅樓夢》的章回，我們先閱讀，或是憑早年閱讀過的印象，來聽就是了。她則準備題材及各種版本的朱批、眉批，依照章節逐一討論，也會對應世俗人情來舉例，印證作者曹雪芹的才學。與年少時讀《紅樓夢》有完全不一樣的感動。

我們這群學員自稱「金釵」，當年課後還特別到台北一家著名的餐廳齊聚一堂，請老闆特備佳餚美饌，稱為「紅外線金釵細品紅樓佳饌」。把菜名重編，會友趙珊當眾揮毫寫菜單：玉衾金蜇、碧雪綠蠟、紅樓茄鯗、棗心太白、蟹黃晶粉、百花珠翠、乳蒸羊肘、火胴芽白、煙燻海龍、冰糖秋梨療妒湯。那天蔣勳也來了，我們一起唱〈紅豆詞〉、〈清平調〉，共度一個有美食、有書香、有歌聲、有文化的夜晚。

紅外線的同學們在馬老師六十大壽時（二〇〇八），為馬老師舉辦「簽書會」祝壽，集資出版了一本《石頭記的虛幻與真實》，義賣所得捐給「清華大學

《石頭記的虛幻與真實》書影。

──黃一農教授還願計畫」（註）。配合會友的聚會與學習，我們去大陸洛陽看牡丹，去南京看日全食、江寧織造博物館，還有日本高野山南紀山野之旅等。

二〇一三年，紅外線讀書會的敦煌絲路之旅，可謂工程浩大。以工從去年十月間就開始規劃，準備了很多的圖片教材為大家講解，再安排行程，過程一波三折。我說：「以工呀！為什麼要這麼麻煩，交給旅行社去辦就好了！」她說：「不行！旅行社只安排一般的行程，敦煌多少寶呀！我們要去看一些難得一見的窟洞。」她

「紅外線」以閱讀研討《紅樓夢》和文學歷史為主，並以旅遊配合學習。

不嫌煩地一再講解不同窟洞的特色、佛教的傳承、藝術雕刻的美感等等。等我們親臨之後，對一千多年前的佛教藝術讚歎不已，真是不虛此行！回來之後，以工又再把相關的資料圖片收集，與大家分享，彌足珍貴。

以工帶領的紅外線讀書會已在台北的社交界小有名氣。因為她的博聞好記性，對時事潮流也有新知灼見，吸引會友們的先生紛紛加入，開拓出一種有深度學習，又有品味的社交聯誼的讀書會社群。

（簡靜惠）

註：「清華大學——黃一農還願計畫」，其宗旨在幫助清大無法繼續就學的學生，凡清華大學還願獎學金管理委員會評估需要幫助者，可獲得一至四年的學雜生活費，受獎助之學生並無任何相關義務，若畢業後願意回饋還願亦可。

6

書寫分享

發現蛋殼裡的亮光，給靈魂溫度

文／張萍

三度問鼎諾貝爾文學獎的日本作家村上春樹，現年六十多歲，二〇〇九年在「耶路撒冷文學獎」獲獎感言中他曾說：

「……將真相帶到新的地方，才能賦予它新的光輝。……我們每個人，也或多或少都是一枚雞蛋。我們都是獨一無二，裝在脆弱外殼中的靈魂。……今天，我只希望能向你們傳達一個訊息。我們都是人類，超越國籍、種族和宗教，我們都只是一枚面對體制高牆的脆弱雞蛋。無論怎麼看，我們都毫無勝算。牆實在是太高、太堅硬，也太過冷酷了。戰勝它的唯一可能，只來自於我們全心相信每個靈魂都是獨一無二的，只來自於我們全心相信靈魂彼此融合，所能產生的溫暖。」

捷運車箱裡湧出一群人，沒有表情，箭步跨出車門，各自飛奔到下一個點，快速匆忙，典型的現代人生活；許多身邊的朋友也是，一個活動結束又趕赴另一個現場，腳步不停轉呀轉，好多事擦肩而過，來不及細品生命的花朵，奔馳得太快，靈魂都趕不上，常常掉進黑洞，迷失懊惱找不到路。

每次書寫，都是一個生命片段的記錄

我喜歡娜妲莉．高柏（Natalie Goldberg）寫的《心靈寫作》（*Writing down the bones*），雖是談寫作，但這本書讓我心靈飛揚，找到熱情與動力。我不只喜歡讀它，我跟著它一起做，感覺像是它住進我的心裡和我一起生活，給我力量與牽引，我因此更清晰而快樂。

我將心靈的快樂與家人、夥伴、朋友分享，運用在讀書會的討論時，特別設計五到十分鐘，邀約大家一起書寫。許多時候會友們有感覺卻不知如何說，經過「討論、書寫、朗讀作品」，心和腦透過這流程，會充分激盪交流，下筆如有神助，此刻的分享真是心靈交會的高峰。

和朋友旅行，我們都隨身攜帶筆記本，興致湧上心頭就一起書寫三十分鐘，隨興寫下當時的感受和記憶。初次體驗的朋友會不知如何下筆，不安地問：「有主題嗎？沒先構思怎麼寫？什麼叫隨興塗鴉？這樣我寫不出來？亂寫？

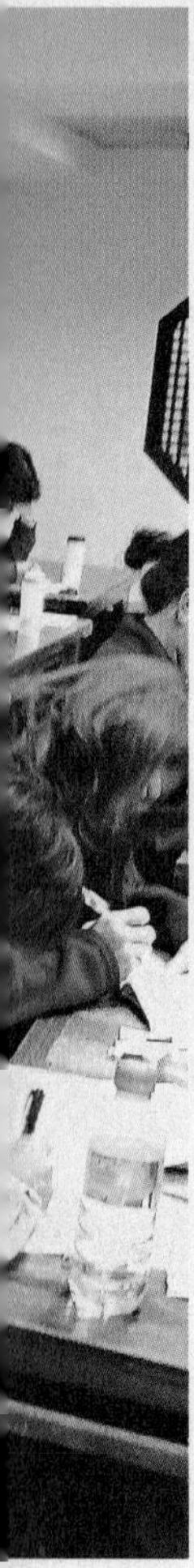

記錄自己生活過的片刻，體會它存在的理由，就像閱讀了一本好書。

我更不會……」我們的心和腦被綁住太久了，大家都沒發覺。我只好對朋友說：「別想了，現在開始動筆，把閃過的念頭都寫出來，先寫十五分鐘……」生命真的太奧妙，十五分鐘後，手已經不聽使喚，停不下來，非一催再催等大夥停筆，然後唸讀，又是一陣未預期的驚喜，每件作品都是一個生命片段的記錄，不管長短，都有自己的面貌。大家交換唸著彼此的作品，有人不敢相信那是自己寫出來的。

有時候，在一個大家都很熟悉的讀書會團體裡，我們請寫好作品的朋友一起交稿，將一疊生命成績單重新洗牌後，再發下去朗讀，請大家猜一猜這是誰的作品？這遊戲讓許多人張大嘴，說這麼熟悉的關係裡，竟有我們不認識的自己和別人。

從一小篇到一個生命故事，中間要跨越的距離有多大呢？很難說。我不想猜。心裡有個聲音催促著：「去做吧！選你最喜歡的那一段開始！」

讀聽生命故事，在別人的世界看見自己

娜妲莉的禪修老師曾說：「小小的意志力成就不了事，必須拿出龐大的決心。龐大的決心並不單單你在努力，它意味著整個宇宙都在背後支持你，與你同在……花、鳥、樹木、石頭、海洋……」

張萍鼓勵大家，練習用五到十分鐘的時間，讀而寫，讀而畫。

我喜歡畫畫，和朋友一起上課學習，不定期聚會分享作品，我們不定題目，自由創作，每次聚會大家把畫帶來，輪流說自己的故事，很刺激也很有挑戰，更多是羨慕和讚賞。有人編製故事手工書，有人很認真參加比賽，一起完成作品是創造生命可回味的創作，就算畫不好也無妨，我們曾經共同認真地完成一段彩色的生命故事……

深入一件事將會明白，在事理的深處萬事融通。我們的生活是平凡也是奇妙，記錄這些我們生活過的片刻，就像閱讀一本好書。真實的人生也許不全是那麼可愛，有時也有寂寞、痛苦、孤獨、失敗，我深信每段片刻的發生都有它存在的理由，要怎樣才能把美麗的花朵和豐收的果實一起揉進生命的血脈裡，誰能給予答案呢？

時間滴答在眼前流轉，泡一杯茶，聽老人家談起年輕往事，故事一則一則翻閱，漫漫長路是鋪著勇氣、忍耐、堅持的磚，咬著牙一步一腳印走過來。我們著手來為老人家製作一本生命故事吧！讓他們選照片，說故事，話當年：「那一年才十七歲，跟著別人搭船到台灣……」「父親到南洋經商……」「十八歲結婚，白手起家……」

從身邊一篇故事開始，一張插畫、一本生命故事、一次分享、再次感動，牽手合作，在每一個故事裡找到生命的光源，為人生黑洞燃起亮光，為未來的路接引源源不絕的動能。每顆脆弱的雞蛋，需要靈魂彼此融合所產生的溫暖互相支持，才能走得穩健踏實。

「閱讀然後書寫」，是簡老師在素直友會推廣的理念之一。閱讀好書能洞悉人生，認清正確方向，我就是這樣在讀書會裡慢慢滋養自己，也把自己奉獻給讀書會。書寫像一條探索的路，在霧裡一步一步尋找，慢慢撥開謎團。書寫生命故事，會發現不同的世界；讀聽生命故事，也會在別人的世界看見自己。故事建構人們的生活，雖說是平常平凡的生活事，卻是真實生命經驗的擷取，它們有自己的意義和目標。平凡事不僅僅是小事，它很值得我們肯定與借鏡。

7

多元帶領

兩岸讀書大不同

文／鄭幸麗

生命，因世界的需要而豐富，也因愛的需要而有價值。——泰戈爾

近幾年，先生轉職大陸，我跟著兩地奔波，因緣際會在上海幫台商公司培訓高階主管、組讀書會，繼而有大陸「巨成高階團隊」經理人邀約，赴內地各城市機構專題演講，談讀書會帶領培訓……，於是，兩岸的距離在我心裡有了不同的意義與看法。

在台灣，從二〇〇〇年開始，我陸續帶領多屆的國際扶輪（社友）與寶眷（夫人）地區讀書會，至今十多年；而大陸隨著政策開放，從最初的沙龍講座逐漸出現「讀書會」社群，例如：上海有台商企業讀書會、藝品（古董商）主題電影講座，成都有心靈書坊，廈門有媽媽加油站、企業高階培訓……等不同名稱，但幾乎都是以讀書會的模式進行著。兩岸的距離似近還遠，差異性也隨著不同的教育養成、社會氛圍，以及對人生的期待值而擴大。身為帶領人，因應兩岸讀書會運作，在形式發展、學員心態、文化差異上，常需要調整課程規劃與帶領方式。

台灣讀書會：從讀人讀己、擺脫一言堂，到潛能激發

帶領台灣扶輪團體共讀，是一件幸福快樂的事。對成立一到五年的讀書會來說，是「讀人也讀己」的階段，成員喜歡豐富多元的主題，尤其心靈成長、藝術文學賞析、古典詩詞等。帶領人扮演的角色，是先將主題閱讀做結構式的整理，然後拋出問題邀約學員參與，一旦營造出安全溫馨的氛圍，學員就開始加入討論，暢所欲言到欲罷不能，往往由原定的三小時延長到四、五小時是常事，雖辛苦卻也樂在其中。

我有幸能參與每個人精采的生命故事，例如，曾經有位學員在共讀《為自己出征》時，分享「每天凌晨四點半偷偷起床，趁家人未醒時，替自己爭取時間讀書，不顧先生微言，堅持逐夢，生命中的不滿足讓她如刺猬般難相處……」在她娓娓訴說從童年、成長、工作，進入婚姻、為人母，到懷疑自己怎麼了，快樂的臉龐轉換成哀容。終於她漸漸釐清：「原來幼年失學（只有小學畢業）是自己的最大遺憾，只要將家庭與工作兼顧好，她也可以理直氣壯地為自己出征。」傾聽與回應是良藥，在同學熱烈的鼓勵與擁抱中，她找到

種籽鄭幸麗將讀書會的帶領腳步擴及至扶輪社及大陸地區。

了安定的力量，「愛」也滿溢在群體之間。

五到十年的讀書會團體，由於需求不同，可加入些深度探討，將課程規劃與目標轉為單一主題閱讀，如印度、非洲等單一國家的民族性、文化、哲思……等，搭配電影、紀錄片賞析，幫助瞭解異國文化，增加閱讀樂趣。帶領人也可製作投影片，以文字穿插圖片等補充教材，甚至切入不同的角度看法，邀約學員一起思考，並鼓勵勇敢提出「批判、不認同」的對立想法，引發多元討論，擺脫一言堂與共錯的思維。書本共讀的樂趣油然而生，學員甚至會主動要求帶領人提供延伸閱讀書目，是讀書會成熟的階段。

對於十年以上的讀書會，課程安排兼顧知性與感性，如「邏輯的第一本書」，或帶領技巧、旅遊文學……等，鼓勵學員身體力行，將閱讀與旅行結合（能悠遊於書中場景，也是人生的另一種況味）。學員開始學習分組共讀與導讀，激發潛能，發揮專長，為讀書會注入新的元素，把握機會更深沉地認識彼此，加深團體凝聚力。學員逐漸可獨立，帶領人只須陪伴，扮演亦師亦友的角色。

大陸讀書會：如海綿般吸收新知，積極爭取演練

大陸的讀書會起步不久，參與者來自四面八方，以年輕的上班族群（知青）偏多，對於學習，他們目標明確，主動積極，勇於挑戰，只為在眾多競爭者中

帶領扶輪讀書會到蘆洲李宅參訪。

脫穎而出。帶領人的課前準備功夫必須扎實，分享過程也須真誠純樸，才能回應眾多學員對人性充滿不信任的背後所提出的種種問題。上課氣氛嚴謹，強調方法、技能，節奏快，但有時也會因他們不小心宣洩而出的情感而動容。例如，有學員分享「自己今天能坐在這個位階是如何拚搏而來，貧窮的他必須克服萬般困難……」

在團體討論與對話中，理性思考居多，提問尖銳直接，很少有感性層面的探討。他們看待事情的角度非常貼近事實，不做夢卻踏實，帶領人要能融入當地文化，瞭解他們的思維脈絡，才能讀到那麼多從懷疑、不安、挑戰與不信任，轉化成安定、接納的眼神。不管是講座或培訓，剛開始進行時，總覺得前方蒙著一層紗，偶爾簾捲輕啟，馬上又颳起風浪。但是漸漸地，清朗了、融冰了，他們懂得回應真誠的心，也是我幾番想放棄卻最終堅持的動力。

台灣讀書會以輕鬆、悠閒的腳步踏上終生學習的道路，創造出知性與感性的迷人風采；而大陸讀書會群正加快腳步，如海綿般的吸收新知，積極爭取演練，充滿挑戰的氛圍。雖然兩岸大不同，我卻因此學習到更深沉地觀照自己，用心傾聽，並提醒自己「不忘素直之心」，在眾多團體中欣賞不同的生命展現。對於現今能有機會接觸兩岸讀書會，我始終感恩當年素直友會扎實的種籽講師培訓。

8

提問討論

人生五章與四層次帶領法

文／黃莉莉

【人生五章】

一、我走上街，
人行道上有一個深洞，
我掉了下去。
我迷失了，我絕望了。
這不是我的錯，
費了好大的勁才爬出來。

二、我走上同一條街，
人行道上有一個深洞，
我假裝沒看到，
還是掉了進去。

黃莉莉，善獨處，喜閱讀，愛看電影。自一九九四年參加素直友會野薑花讀書會之後，讀書已不再是一個人的志趣；生命中不同的導師帶領其堅定地往前走，志同道合的朋友拓展了生活視野，流動的閱讀帶領加強了內在的勇氣，讀書會已成了不可或缺的生命信仰。

我不能相信我居然會掉在同樣的地方。
但這不是我的錯，
還是花了很長的時間才爬出來。

三、我走上同一條街，
人行道上有一個深洞，
我看到它在那兒，
但還是掉了進去……
這是一種習氣。
我的眼睛張開著，
我知道我在那兒。
這是我的錯。
我立刻爬了出來。

四、我走上同一條街，
人行道上有一個深洞，
我繞道而過。

五、我走上另一條街。

（摘自《西藏生死書》，索甲仁波切著，張老師文化出版）

以上這首詩，是我在讀書會帶領人培訓課程時最喜歡用的題材。悠遊讀書會多年來，發現讀書的目的不只是增廣見聞，還可以讓自己向內觀照。就像〈人生五章〉所透露的，我們在生活中常不斷地重複某種習性而不自知，生命因而陷入不自覺的困境中。因此，我在帶領設計提問時，會先從一個好玩的題目問起：

「作者（我）總共走上幾條街？」

總有些人會脫口而出「五條街」，也有些人很肯定地回答「兩條，只有兩條街」。這問題馬上引起大家的關注，因為這就是一般人看到一、二、三、四、五之後常會有的自然反射。

然後，我會用簡單的客觀材料繼續提問：

「第一次走上街發生什麼事？」
「第二次掉進洞裡和第一次的反應有何不同？」
「第三次的反應是什麼？」
「第四次和第五次又如何改變策略？」

接下來，我將問題轉進對材料的回應和自己的真實體驗：

種籽黃莉莉善用「四層次討論法」，啟發會友開放式的討論能力。

「我們是否曾有過走在路上不小心掉進洞裡的經驗？」
「第一個閃過腦海的念頭是什麼？心裡的感受又是什麼？」
「文中的『我』第一次掉進洞裡的感受是什麼？馬上用什麼話安慰自己？」
「你會像『我』一樣，說同樣的話嗎？」
「文中的『我』對第二次掉進洞裡的感覺是什麼？」
「明明知道『洞』的存在，為什麼還會掉進去？」
「想想我們生活中是否曾發生連續二次以上的錯誤行為？請舉例。」
「那時自己的心裡又有什麼感覺？」
「是否會把責任推給別人？」
「文中的『我』第三次掉入同樣的洞時，反省到是什麼原因？」
「想想自己從小到大，有哪種習性會一直不斷地重複？」
「若要改變自己的習性，容易嗎？請談談自己的經驗。」
「『洞』代表什麼？『街』代表什麼？『我』又代表什麼？」
「如果路上真的有洞，你要如何處理？除了繞道而過，還有哪些方法可行？」
「人生的洞，要如何克服或超越它？」
「走上另一條街，又代表什麼？會比較好嗎？」
最後，讓參與討論的會友們想想這首詩是否對自己有所啟發：

「你要如何為這五章各自下個標題，或命名？」
「經過剛才的討論，你會為自己下一個什麼新的決定？」

有人說，「這首詩好像是形容人的童年、青少年、壯年、中年、老年。」有人說，「這是修行之道：無明、迷執、洞察、智慧、開悟。」還有人說，「這是開悟的過程：幻、迷、悟、覺、生。」

同樣的題材，在不同的團體所引發的討論真是五花八門：

有人認為「洞」就像是百

新春茶會上，以戲劇方式呈現「洞」的命題。

貨公司週年慶打折的誘惑，自己不斷地購買一堆不需要的東西，結果變成了大量的囤積；有人認為「洞」就像婚姻，進出多次，仍不自覺會陷進去；有人說對自己的小孩就是出於關心，很愛碎碎唸，自己都不知道這是很煩人的「洞」；有人認為一輩子不斷地換工作，卻仍不長進，結果自己一直掉進怨天尤人的「洞」，卻仍不知問題出在哪裡；也有人說從小到大一路順暢，總是成功的「洞」卻造成自己的傲慢無知，自以為是……

不論大家的回應如何，有許多人因為讀書會的討論與分享，確實自覺到自己的某些習性在親子關係、人際關係、家庭關係、甚至職場關係中的盲點，也願意試著去做最好的調整。而我知道，讀書會帶領人只要問對問題，引發能聚焦又熱鬧的討論，團體自然會產生很棒的智慧。

自從在基金會所舉辦的讀書會帶領人培訓課程裡，接觸了四層次討論法（見補述）之後，我非常喜歡也很受用，一再地反覆練習，也常在培訓課程裡講解。我常用這篇文章做帶領的題材。很多人驚訝於原來短短的一首詩、一篇文章，也可以有如此深度的討論，因此每屆課程結束後，上課學員就會自動組成讀書會，例如：吸引力讀書會、311讀書會、陽光讀書會……，都是從四層次的提問帶領法開始練習，會友間的感情迅速凝聚，讀書會的經營並能持久穩定地走下去。

開放式的討論能力本是每個人的潛在本能，以往在學習上沒開發到的能力在讀書會裡找到了，才知每一個人是多麼的獨特精采。松下先生說「人類是偉大的」，果不虛言。

補述

四層次討論法

文／簡靜惠

在讀書會裡被廣泛且有效運用的「四層次討論方法」，原名是「藝術型態的對話」或「焦點討論法」。原創者是二次大戰期間的軍中牧師約瑟夫．馬修（Joseph Mathews），後經美國芝加哥文化事業學會（The Institute of Cultural Affairs，ICA）運用在全世界，是從事社區營造的重要基石。在台灣，則由陳怡安先生在洪建全基金會舉辦的激勵營課程中首先介紹講解，之後素直友會將之轉化運用到讀書會，是眾多討論方法之一。

焦點討論運用四層次的問題：

O——客觀性層次（The Objective Level）：這個層次的問題問的是事實和外在的現況。

R——反映性層次（The Reflective Level）：這個層次的問題喚起對於客觀資料立即出現的反映和內在的回應、情緒、感覺、隱藏的形象、聯想等等。

I——詮釋性層次（The Interpretive Level）：這個層次問的問題尋找的是經驗、故事、意義、價值、重要性及含義。

D——決定性層次（The Decisional Level）：這個層次的問題想要找出新的決定，讓對話畫下句點，促使團體對未來下定決心。

資料來源：

《學．問——100種提問力創造200倍企業力》，布萊恩．史坦菲爾（Brian Stanfield）主編，陳淑婷、林思伶譯，開放智慧引導科技二〇一〇年二月出版。

《以素直精神經營讀書會群》，簡靜惠著，洪建全基金會出版。

9 知性旅遊

積極嘗鮮的「瑪莉洋行」

文／簡靜惠

「會心橋讀書會」的會友（包括我），慣稱林瑪莉為「瑪莉將」（名字加「將」是日文小莉的暱稱），因為她的年紀比我們這群領有老人證的會友小很多，雖然她也已邁入中年，但天生麗質、美貌依舊；而瑪莉一直很熱心地在讀書會裡當總幹事，服務並協助會友，這般素直的自然風格，讓我們親切地叫她「瑪莉將」。

找到最適合的路來發展自己

瑪莉還有一個外號——「瑪莉洋行」，因為她熟悉市場最新動態，也熟知各種科技產品新貌，更勤做功課。只要一通電話：「瑪莉將呀，哪裡可以買到杯墊有花邊的？哪裡有好的床墊？」「我到新北市金山了，哪裡可以吃到好吃的當地食物？」「我的手機有點問題呢……」「我要到高雄去，怎麼安排好玩的？值得看的景點或展覽有哪些？」……都可以得到很好的解答。

我問她：「你怎麼知道這麼多呀？」瑪莉說；「我喜歡新奇的事物，好玩又好吃，每月固定找兩家新的餐廳嚐鮮，也有做筆記呢！」

其實瑪莉不只是喜歡遊玩而已，她嫁入台灣的傳統家庭當長媳，伺候公婆相夫教子進退得宜，真的不簡單。如果你到她家，看到供奉祖先牌位的佛堂裡的八仙彩等，更要歎為觀止。我寫的《寬勉人生》婆婆給我的十堂課真的不算什麼，素直友會裡有不少人才，藏龍臥虎，尤其是女性。在女性還不能完全自主的時代裡，她們會找到最適合的路來發展自己，又不失家庭和樂，瑪莉正是其中的佼佼者。

瑪莉更不只是外表亮麗的貴婦而已，她說：「我關注建築、設計、美術等，因為喜歡，所以會在家務空檔找時間去學習。」她有計畫且持續地在北美館當導覽志工，那要上很多課、讀很多書去投入呢！瑪莉也是素直友會的志工，那是自主的讀書，把握服務會友的機會。瑪莉說：「很好呀！服務別人，增長自己的經驗知識，何樂不為？」她就是這麼素直可愛的瑪莉將！

南瓜派的藝術之旅

二〇一一年，由她策劃帶領的「日本PHP人文建築之旅」，就是個創意

積極嘗鮮的林瑪莉，最愛將旅遊、美食、讀書學習巧妙融合。

左頁圖
右上：日本直島的草間彌生作品「南瓜」。
左上：「素直南瓜派」會友在安藤忠雄設計的博物館外合影。
下：二〇一二年新春茶會上，以草間彌生元素完成的畫作。

十足又令人難忘的學習之旅。那年十月，日本PHP大會在神戶召開，大會之前我們先到直島看安藤忠雄當年為日本花博設計的旅館和花園，另一個重點是走訪遍布在直島的日本國寶級前衛藝術家草間彌生的作品。直島海邊聳立著草間的「南瓜」雕塑作品，黃色、紅色碩大的南瓜上畫著一點一點，繁衍出有如圖騰般的原創藝術，令人震撼。草間彌生的精神世界是有障礙的，但她用畫筆將生命植入畫中，甚至向外擴及到觀者的精神世界。我們被其作品深深吸引，當下就組成「素直南瓜派」讀書會，瑪莉負責提供相關資訊，用WhatsApp連絡，隨時也隨機的共享藝術盛宴。

回台沒多久，聽聞台北有日本藝術大師系列的紀錄片影展，其中就有「草間彌生」的專輯播放。大家分別看了，之後再一起討論，因為曾有親臨現場共賞的經驗，草間彌生彷彿朋友般備感親切。

二〇一二年的素直友會新春茶會前，瑪莉發出緊急令給「素直南瓜派」的會友：請大家用簽字筆各畫一幅四開十號的F型畫布的創作，且要用草間彌生的元素——斑點狀網紋、無限鏡像、尖端觸角等招牌符號……。她為大家準備了畫板畫筆，說明之後，各自回去作業。這群沒學過畫的會友二話不說準時交差，新春茶會那天，十六個人的十六幅畫作合成一幅大畫，就掛在會場的牆上，相當震撼驚人。素直會友們嘖嘖讚歎聲不絕於耳，真的太棒了！

今年（二〇一三）台灣PHP素直友會到日本的高岡參加大會，會友們蘊釀做一趟「PHP加日本文學建築之旅」。先請日本教授川合康三來講日本文化與文學，再找附近相關的精采建築案，比如日本禪學大師鈴木大拙館、金澤二十一世紀美術館等，先研讀預習再實地參觀，收穫更大。

瑪莉帶領的讀書會風格，有旅遊，有讀書學習，也有美食搭配。透過事前的預習與用心的行程安排，並組成讀書會延續發展，維持友伴之間濃厚卻不黏膩的感情，時常提供新的學習內容，讓會友們對生活有期待，對人生有憧憬。

鈴木大拙館內一景。

10

熱情堅定

讀書會裡的點燈人

文／詹美玲

日本「經營之神」松下幸之助的六大成功法則，第一條就是：有熱情，必能成功！因為「熱情」是我們做好任何事情的重要關鍵，即使在讀書會裡，也是不變的定律。

二〇〇一年，對「讀書會」這樣的學習型態還懵懵懂懂的我，因緣際會得知基金會有個「讀書會領導人培訓」的課程，當時，因常穿梭於學校為孩子們講故事，只希望透過團體共學的收穫，激盪出更多觀念與做法，增添日後說故事時的錦囊；殊不知這一次偶然的邁入，蔓延出我對讀書會更寬廣的探索，也重新改寫了我學習的版圖。

精進帶領技巧外，還要精深維繫成員參與感

首先我發現，讀書會其實是一個自主學習的場域，最大的特色就是沒有設限

——不限年齡、性別，亦不設學經歷門檻——雖然如此，它更著重修己心、利於人的結合。而素直友會和坊間讀書會的不同處，又在於提倡將素直心落實於生活的踐履。

至今，台灣素直友會讀書會群運作超過十年以上的，已有二十個之多，其中的COSMOS會、真誠會、會心橋、連心會、溫馨園地等，都已是成立弱冠之年（二十年）的讀書會。如果只是以「參加讀書會很快樂」做為他們持續的穩定力量，理由似乎不夠充分？直到自己躋身為讀書會帶領人時，我才體悟出箇中堂奧！

其次，通常來參加讀書會的成人，雖說都是出於自願，大致上還是可以概分成兩類：一是為了學習知識、增廣見聞而來；一是來交朋友、擴大生活領域為目的。然而，無論各自以什麼樣的生命形態而來，一位有效能的領導者，除了精進帶領技巧外，還要熱情的維繫讀書會成員的參與感。

愛與不被屈服的信心

簡老師在《以素直精神經營讀書會群》書中，就提出帶領人應擁有的兩種精神：一是以愛為出發點；二是不屈不撓的精神。「愛」是出於對人的熱情及對讀書的愛好，而「不屈不撓」則是自己對既定方向的堅持與毅力，這兩項

以愛為出發點，不屈不撓的精神，是種籽詹美玲帶領讀書會的座右銘。

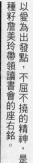

精神，一直是我「成立與推廣讀書會」的重要錨具。

二〇〇六年，我以「階段性任務」的心情，接任「素直種籽二讀書會」的會長職務，當時團體堂堂邁入第四個年頭，有關「事」的執行與運作，皆有明確的建立與軌跡可循；但在「人」的共識與凝聚，仍走在迂迴小徑上。於是，在新的一年第一個聚會日，我提議每次見面皆騰出二十分鐘，做彼此這一個月來的心情交流，一方面也可做為等待成員的消磨時間。隨後，猶如沈從文的「我讀一本小書，同時又讀一本大書」氛氳的牽引，夥伴間相濡以沫的關心與扶持油然而生，這成效亦成為團體日後在做決策暨行動時的推進器。愛是人類生存意義的最佳詮釋，愛也是紀律，真是一點都沒錯！

這把愛之火，於二〇〇八年持續點燃於對外推廣的親子共讀活動中，對於「素直種籽二讀書會」來說，一個團體的特色與風格於焉形成。當時，因課程時間安排為非假日，加上此類型的閱讀與討論，帶領人需具備實務經驗暨策略，才能同時進行「親」與「子」的共同學習。於是我先行探問後居中策劃，將人力分成二造：主帶領者與協同帶領人。由於團體一路建立的深厚情誼與對話習慣，每次課前或課後的會議中，都可看到主帶領者知無不言的分享，也聽到協同者的請益之聲。現在憶起，當時如果不是本著始終如一的素直心，與明確的實務目標，我們大概也不會輻射出這麼強的熱力。

推動「素直種籽二」的親子共讀活動帶領。

「帶領人要有堅強的信念和不被屈服的信心，堅持初衷，相信帶領及發展讀書會是件利己利人的事，才能堅持下去。」簡老師的勉語，一直是素直會友的精神指標與參照。

熱情與希望的所在

讀書會活動時，曾玩過一個心理測驗：選出你從小到大最喜歡的一則童話，就能看出你是怎樣的人。我最喜歡的是安徒生〈賣火柴的小女孩〉，燃下一根火柴，小女孩見到了她最希望看見的東西。因著對讀書會矢志不渝的愛，我重新回到閱讀叢林的路途上；為尋求帶領技巧的開悟與流暢，我加入了素直友會的練功房。一種心法、一項指引、一位典範，於是擦亮了我人生無數根火柴，終能登入營火旁，為自己點燃的生命之光，而忘情地舞蹈、歡唱。

我體會到，一個讀書會能青山長在水長流，仔細堆砌必有其因，然而，如果沒有找到熱情與希望的所在，即使帶領人有足夠的技巧，也都無法令團體長治久安而堅持。

在讀書會，你、我真的可以成為別人生命裡的點燈人啊！

V

十種書類

素直友會各讀書會閱讀的書並沒有被規定，完全由讀書會的成員決定，沒有書單提供。即使是松下先生的書或言論集，也僅是建議，或翻譯編印而已。

這裡舉出的十種類型書或雜誌，大多是這些年來我常讀，也建議給會友，影響我的思考為人至深的書類，當然也是我引領素直友會發展的基因來源。

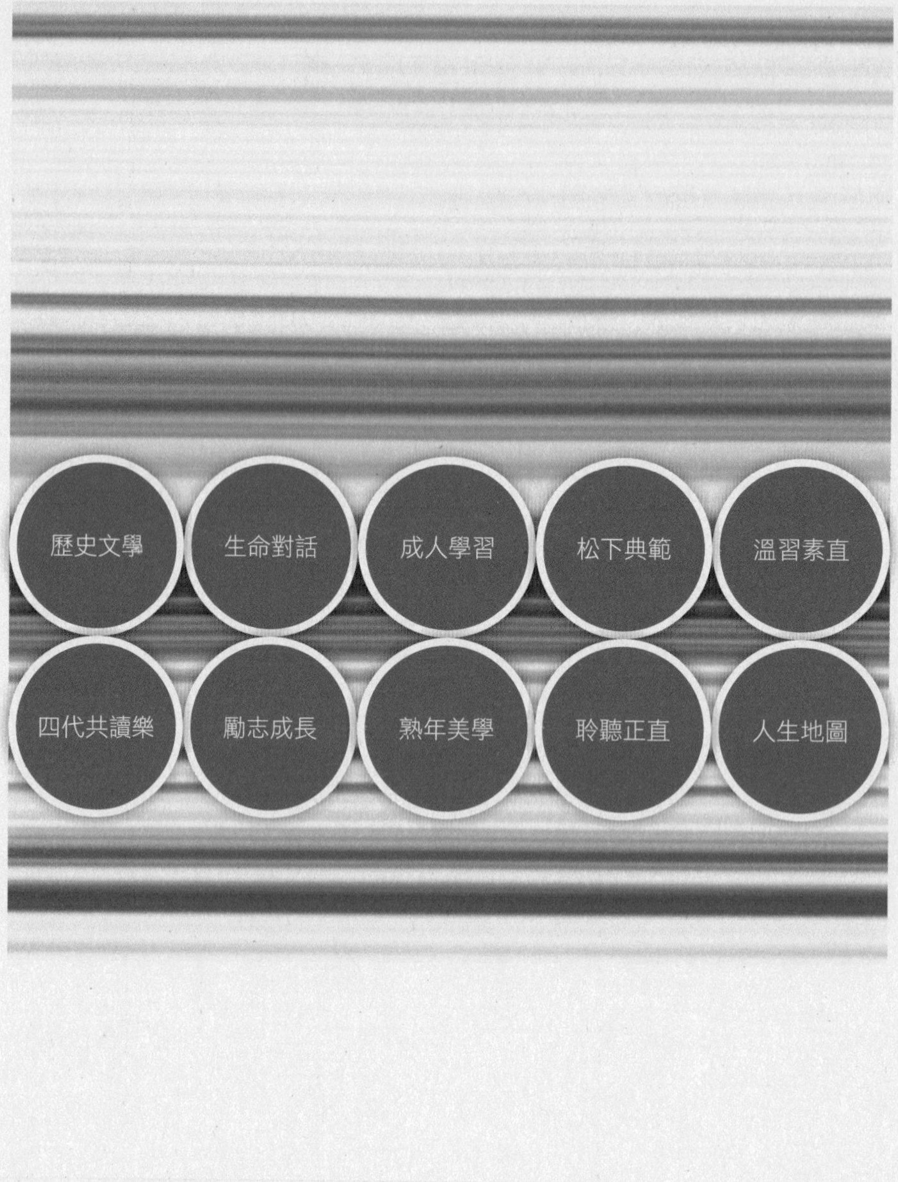
歷史文學
生命對話
成人學習
松下典範
溫習素直
四代共讀樂
勵志成長
熟年美學
聆聽正直
人生地圖

溫習素直

共讀《PHP月刊》

文／朱育德

PHP就是Peace and Happiness through Prosperity的簡稱，意指「藉由繁榮追求和平與幸福」。松下幸之助認為PHP是世界通用語言，要開展國際性的運動一定要用英語。而促使松下先生掀起PHP運動的原因，是日本戰敗導致的價值觀改變。

在戰（二次大戰）前，松下先生開展產業的目的，是為國服務、造福國民；戰時，在國家非常時期，即使本身蒙受損失也要為國出力，這是每一個產業人的義務和責任，但結果反而助長了給人民帶來巨大災難的戰爭。

日本戰敗後，社會上的價值觀有了一百八十度的大轉變。這個時期不只松下先生，每一個人都在思考，自己究竟一直在做些什麼？松下先生常常自言自語：這一貫堅持的產業救國精神，難道是錯誤的嗎？

朱育德，自從參加COSMOS讀書會自然加入素直友會，一晃已四分之一世紀。學了不少，得到更多。日本寄來的PHP文庫，儘快翻成中文與大家分享，覺得被人需要真好。歷年新春茶會的國際公關組工作已退居幕後。享受終生志工的樂趣。

自問自答的結果，他終於得出了結論。不論企業如何為國貢獻，如果治理國家的人心術不正，那麼就不會有繁榮。世界戰爭的爆發，也是由於國家領導者沒有受到良好的思想教育的緣故，從現在起，日本要復興，精神教育刻不容緩。

這樣的信念促使松下先生展開PHP運動。他說：讓我們大家秉持素直（真誠純樸）心，來實踐PHP，因為素直心會使你更堅強、正直而聰明，塑造健康的社會，為每一個人帶來幸福。

藉由研讀《PHP月刊》而達到素直（真誠純樸）的境界為目的，在台灣PHP素直友會裡，僅次於火曜會成立的「COSMOS讀書會」已經歷二十三個年頭。我們的原始會員大都已白髮蒼蒼，但在每月二次的聚會中發言仍鏗鏘有力、思路清晰，對月刊文章中素直心的剖析，都有見別人所不見的道理，難怪參加的人愈來愈多。

每月第二、四週的星期四早上九點半，我們先用日語朗讀素直的信條與公約，喚起每人心中的素直心：我們要在生活中培養、實踐素直心，並推廣素直精神於社會，以物心合一的調和繁榮，帶來人類的和平與幸福。

最近，我們閱讀了二〇一三年四月份《PHP月刊》上的這篇文章：日本實力派演員橋爪功的訪問記。橋爪功先生演出的「東京家族新版」最近正在上

映。從演半個世紀的他，談話非常謙虛，雖是大家公認的極具代表性的演員，他從不說如何努力、如何堅持過來，只說自己很懶散，一切都是被逼出來的。去年由山田洋次導演的「東京家族新版」，他和吉行和子演一對老夫老妻，片中描述老夫妻、已成家的兒女媳婦、小孫子三代人各自從自己的立場，對待這個家族的想法與做法。

讀書會中有人說，東京居住的空間那麼小，有人冒然闖進來，雖然是父母親，做媳婦的難免嘮叨兩句。馬上就有人反駁說，這就是不懂道理、欠缺大愛，若在生活中秉持素直心，父母親難得從鄉下來看我們，應該先生出歡迎的心，然後才會去想如何解決困擾。又有T先生說，兒女籌錢出來請你住旅館，可以享受一下，並到附近走走逛逛，怎麼在旅

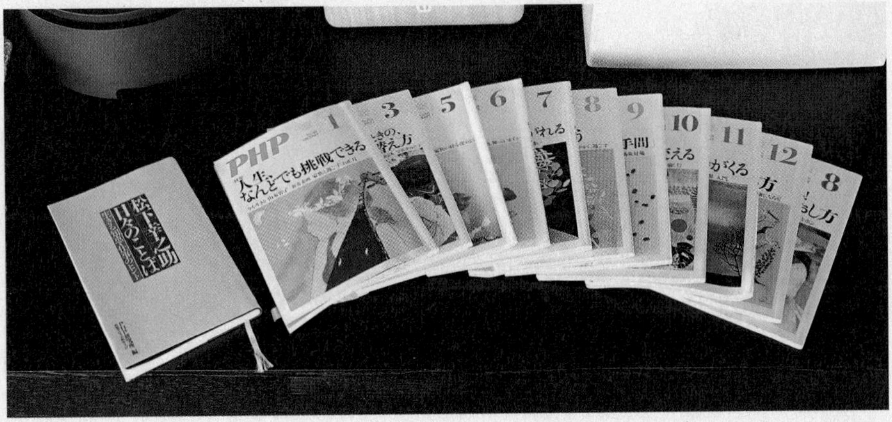

《PHP月刊》的內容緊貼時代腳步，可讀性很高。（楊雅棠 攝影）

館坐一整天說無聊呢？年輕的C小姐就說，鄉下左鄰右舍都是熟人，東京車水馬龍，分辨不清東南西北，怎麼敢出門？這就像小象被腳鏈鎖住了，長大後也不敢走出腳鏈以外的範圍。

橋爪也被問到他本人對家族的看法，「從來沒有想過這個問題，勉強說應該是偶然的緣分吧。」他以平常心侃侃而談：「也可以說我是被兒女教出來的。他們都有獨立的人格，不會照父母的想法長成，反而我來順從年輕人的多。」很多會友都讚歎他豁達的心，自認不如他寬容，這是我們可以學習的。

《PHP月刊》每一期都有探討素直心的主題，比如三月份是〈挑戰吧！只要開始，人生不會有太遲的事〉；另一篇〈「隱居」的心〉，是針對兩代母女、婆媳之間的對應觀念，智慧的人生態度都很值得學習。參加COSMOS讀書會的會友，不分男女老幼，雖然口裡沒說出來，但每個人都能虛心傾聽別人的發言，包容和自己不同的意見，以積極求知的心向萬象學習，追究人生的價值。每次的聚會都非常快樂，心中滿溢青春氣息，這或許是COSMOS讀書會百讀《PHP月刊》也不厭倦的原因吧！

《PHP月刊》緊貼時代腳步的編輯內容，對台灣一大群受過日語教育的老人幫助很大，而PHP素直友會的讀書會輕鬆沒壓力，也讓大家踴躍參與。近來學日語的人愈來愈多，後來的「櫻花會」及「百合會」就是在此情況下成立茁壯起來的。

2 有熱情必成功

松下幸之助的書

文／簡靜惠

素直友會起源於日本ＰＨＰ友會，乃透過閱讀松下幸之助所創《ＰＨＰ月刊》的讀友成立的，以讀松下先生的書及素直精神為主要。所以，讀松下幸之助精神的書是當然的必要。但台灣的素直友會一來受限於語言，二來因應廣泛多元的興趣，各讀書會採開放且自主的選讀各類的書。然而，松下先生及他的傳人江口克彥的著作，一直是影響素直友會的內涵與發展的重要閱讀資訊來源。

松下幸之助所著《路是無限的寬廣》，是一本永遠被當成經典的床頭書，最早在台灣松下電器公司的《松風》刊物每月登出，潛移默化著每一位員工。他寫給年輕人：「永保精神上的青春，是我一生中最大的願望。」他獻給明日：「對於日常生活和工作的想法、做法，不能不日日求新，只要具有追求的熱望，那麼新的東西就會產生出來。」他說路是無限的寬廣：「每一個人

都有他自己該走的路。只要你定下心來抱著希望去走，一定會走出無限的喜悅。」句句深入人心，如影相隨。

《人類的所謂成功》是早期火曜會與COSMOS會合作翻譯的，松下先生所謂的「成功」，是每個人都能發揮潛能，素直真誠地落實在生活中。

江口克彥寫松下先生的書則有《成功的法則》，主要有六項：有熱情必成功；能感動人者必成功；集少成多必成功；若有培育人之心，經營管理必然成功；能自覺責任者必成功；有正確人生觀者才能成功。我也用這本書做為志工培訓及讀書會的討論題綱，引發大家探討與自身內在或發展的相關課題。

江口先生的另二本書：《主管的哲學》和《部屬的哲學》合成套書，不僅在友會也被企業界廣泛應用，做為員工訓練的教材暢銷書。記得我為《主管的哲學》寫序時，正逢機構內組織變動、人員流動，心情頗為低沉，直到看見書裡說的「企業車站論」，讓我眼睛一亮。有別於以往的「企業家庭論」，有誰下了車還留在車站？車站的站長（即企業的老闆），只要傳授訣竅，以素直心祝福員工的離開就好了！

松下先生八十歲時，說他要活到一百六十歲，這當然難以做到，他在九十四歲過世，不過一直很有精神、很有意識地活著。八十四歲的他，還創辦了「松

下政經塾」，培育日本政經人材，從未懈怠。我在二〇〇二年編選了這本《素直價值的踐行自證》，對松下先生的人生觀與經營哲學，以及他創辦的PHP研究所、PHP友會、松下政經塾都有詳細的記載。

有關松下先生的思想哲學或經營之道的書很多，一直到現在，PHP研究所仍在研究出版，洪建全基金會早期翻譯出版的很多，或選書，或寫序推薦，或編輯，或討論演講引用，幾乎每一本我都參與其中，深受其惠。尤其創辦台灣PHP素直友會之後，無論面對事情的態度，工作及生涯的規劃進行，我都以素直心來修練，踐行驗證。松下先生平易近人的人格風範，我一讀再讀，深深體會溫故知新、春風化雨的美妙。

近期遠流出版了一本《神的妻子》（日文原書副標為《另一位創業者》），為松下先生的夫人松下梅之的傳記故事。我曾作序推薦：「看似無私無我柔弱的梅之，卻是一位能『與丈夫一起逐夢』、『與丈夫的夢想合而為一』、『有守有為』的女中豪傑。我由衷的佩服。」

【參考書目】

《路是無限的寬廣》，松下幸之助著，松風月刊社譯，洪建全基金會一九九五年十二月出版
《人類的所謂成功》，松下幸之助著，PHP友會譯，洪建全基金會一九九五年十二月出版
《成功的法則》，江口克彥著，朱廣興譯，洪建全基金會一九九七年五月出版
《主管的哲學——贏得部屬信賴的二十個要訣》，江口克彥著，朱廣興譯，洪建全基金會一九九八年十月

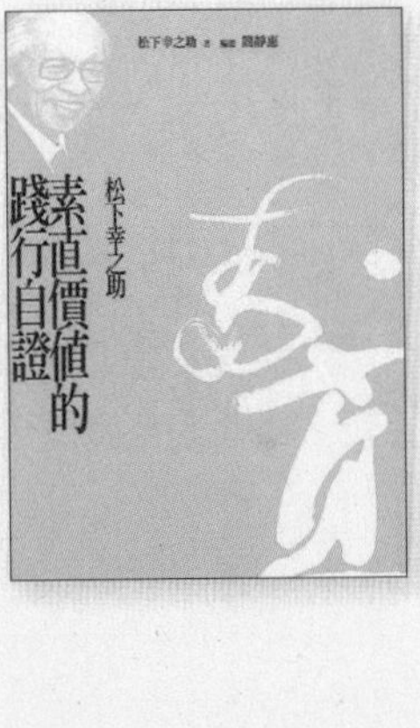

出版
《部屬的哲學——企業人邁向成功的二十個要訣》，江口克彥著，朱廣興譯，洪建全基金會一九九九年七月出版
《素直價值的踐行自證》，松下幸之助著，簡靜惠編選，洪建全基金會二〇〇二年十二月出版
《神的妻子——經營之神松下幸之助與松下梅之的創業物語》，高橋誠之助著，張玲玲譯，遠流二〇一二年十一月出版

3

愛的生活學習者

從《愛·生活與學習》到《越活越美麗》

文／簡靜惠

我與簡宛是簡家五姊妹中年齡最接近、興趣最相投的。打從小學識字開始，姊妹們就一字排開躺在床上，說故事看童話書，讀書會的火苗彼時已點燃。愛閱讀的習慣直到現在都是我倆生活中的重要精神支柱，不管人生際遇如何變化，有書在手，一切問題都有得解。

簡宛翻譯的《愛·生活與學習》，就是我當初（一九七一）回台主持基金會的出版社改組後的第二本書（第一本是《路是無限的寬廣》）。書中的許多觀念與想法，正是你我生活中的印證，那麼自然，那麼真切，又那麼睿智。我們都喜歡作者利奧·巴士卡力的人格，他以悲憫的胸懷引導大家去體驗愛與生活，更以敏銳感應的心吸收且包容了來自各個地方、各種民族文化、各階層人類的事物，因為他「愛」萬物，他「愛」人類。巴士卡力的觀念並不新奇，他只是希望每個人不斷地學習，存著寬容的愛心去過著樂觀的生活。

簡宛以溫柔敦厚的譯筆，引進巴士卡力對愛的觀念與表達方式，與東方傳統的儒家想法不僅接近且相容。此書出版後引起轟動，一時洛陽紙貴，幾乎人手一冊。現在這類的書很多，但在那個年代（一九八〇年代），正是留學風氣及台灣經濟起飛的時候，這本書的出版讓台灣留學生更有信心，面對外面的世界。一九九〇年，《愛・生活與學習》被《中國時報》譽為台灣「四十年來影響我們最深的書」，許多人的生活觀念受其影響。

此書引介到各讀書會討論，也產生極大的影響力。書中提出的觀念，諸如「愛」、「寬容」、「尊重」、「建立自我」、「選擇人生」、「學習」及「人與人之間的相互關懷」等，與素直友會的價值貼近，運用到讀書會的帶領與經營，以及會友之間的相處，非常有用。

這本書暢銷多年，當時代的台灣人幾乎都讀過，也當成修身的指標。這些年我們看到台灣民間呈現的自在從容、親切和樂、樂善好施的表現，讓外國來台人士留下深刻的印象，足以印證這本書的影響力！

基金會繼《愛・生活與學習》之後，陸續推出了相關主題的人文關懷系列叢書，引領社會大眾對人文書籍的熱烈閱讀風氣。簡宛推薦的另一類有關成人學習和終身教育的書：《怎麼聽・如何說》、《從對話中學習》，都是簡宛的指導教授簡維里（Jane Vella）的著作。「人是自己生活的主體」、「尊重人的

自我決定及自我創造的權利」是這套書的主要觀念，大大修正了一般人受教育的刻板印象，提高學習的興趣也解放許多人對自我形象的束縛。這套書我不僅引介給各讀書會，也應用在讀書會帶領人培訓的主要精神指標。理論與實踐並重，是讀培課程的主要教材，也是各讀書會必讀之書。

簡宛身在海外心繫台灣，視野寬廣，早二十年前就已看到高齡社會的來臨，於是開始譯介許多老年保健的相關書籍，如《享受老年》，也書寫創作《黃金歲月逍遙遊》、《走向成熟途中》，這些書都是素直友會常讀長讀的書。

有感於這些書都是國外的案例，二〇一二年簡宛以訪談的方式編寫了《越活越美麗》一書，書中描寫的六位女性，都是從小生長在這塊土地上，並以堅定、快樂且從容的步伐過著她們的下半生。簡宛書中提出對「老化」觀念，正面積極的面對，也是素直友會步入二十五年後的宣告。

【參考書目】

《愛．生活與學習》，利奧．巴士卡力著，簡宛譯，洪建全基金會一九九五年十二月出版；遠流二〇一〇年十一月新版

《怎麼聽．如何說》，簡維理（Jane Vella）著，洪建全基金會一九九六年六月出版

《從對話中學習》，簡維理（Jane Vella）著，洪建全基金會一九九八年六月出版

《黃金歲月逍遙遊》，簡宛著，遠流二〇〇一年十一月出版

《走向成熟途中》，簡宛著，洪建全基金會一九九九年二月出版

《越活越美麗：6位熟齡女人的智慧對話》，簡宛著，遠流二〇一二年五月出版

4 與生命對話

陳怡安的書與意識會談法

文／簡靜惠

有兩位老師，對我的人生與職涯影響深遠，一位是許倬雲老師，另一位是陳怡安老師。許老師引導我在為洪建全基金會和敏隆講堂訂立宗旨方向時，有著長遠寬廣的人文觀。許老師早年在基金會講授「從歷史看領導」等系列講座，提倡社會倫理與人文價值，開風氣之先（註一）。陳老師則在一九八四到二〇〇三年間，洪建全基金會進入中期發展後，重新定位再出發的重要影響者。

陳怡安老師是一位心靈導師，他曾說過：「我的工作貫串在『老師』和『顧問』的範疇，一旦被如此稱謂著，便被賦予『傳道、授業、解惑』的職責，因著這些被加上的形象存在著，所以由衷感到泉湧般的惶恐與不足。」

他每日清晨即起，寫日知錄反省精進，他是一位熱情又樂觀、散布人文主義

我們可以從每一本書、每一個故事裡找到生命的光源，接引源源不絕的動力。（楊雅棠 攝影）

的教育家，同時也是嚴格厲己的完美主義者。王建凡女士曾寫道：「陳怡安是一個完美主義者，他對自己要求嚴格，除了對學問要求融會貫通，對生命要求井然有序，更要求自己完成對社會的使命與責任。」（《穩實安命》，一九九五年）

他先是以洪敏隆先生（當時是基金會常務董事，也是國際電化公司總經理）的企業顧問出現，但他內心裡對生命的熱愛、體驗和信念，更與洪建全基金會的宗旨相吻合。一九八三年，敏隆和一群同樣關愛社會人群的企業界朋友合作，在基金會主辦「積極自我的開拓」系列演講，連續十二場，場場客滿轟動，傳為佳話。此系列演講也結集成書，暢銷很多年。一九八四年，基金會更以「激勵生命研習營」四天三夜課程，有系統的講授，並持續二十多年，影響至深。

陳老師不管是在大型演講、系列講座、激勵營課程，或是已舉辦三十多年的敏感度訓練，都圍繞著人生與人文的主題；然而最能引起大家共鳴的，是在激勵營裡每日清晨的「與學員的對話」，有如暮鼓晨鐘般敲叩每個人的生命深處。激勵營課程不僅是生命的課程，更介紹並運用許多以「人」為中心的教育方法，諸如：意識會談法、演說法、研討法、實務作業法……，相當振奮人心。尤其是「意識會談」（註2）的方法運用，更讓大家欽歎，原來學習可以用這種對話討論的方式，回到每個人的身上。

陳老師以他對「四層次討論法」的嫻熟，加上他的豐厚學識，以及對人性的敏感與慈悲，開展了「意識會談法」的新頁，學員們爭相學習探索、練習運用、研討延伸。我將之運用到讀書會帶領人培訓課程裡，之後在推廣讀書會到各場域時，也用此方法討論，回應到每個人的自身內心，引起大家廣泛的興趣，非常有幫助。

陳怡安老師儼然已是意識會談法的啟蒙與推動者，稱他為「意識會談法宗師」，當之無愧。這期間，基金會陸續為陳老師舉辦系列演講，也都整理出版，諸如：《積極自我的開拓》、《活出現代人的意義》、《穩實安命》、《愛．溝通．成長》、《人生七大危機》、《把自己找回來》等。另一本《每日生命對話錄——陳怡安日知錄》，則是陳老師自我生命的照見。

我是每本書的催生者，也都推薦給友會的朋友閱讀。那些年間，正是我個人生命的大轉折期，這些書是我的救贖，幫助我解答疑惑，書中的許多理論觀念也可在生活與工作上印證。尤其對讀書會來說，把「意識會談法」運用在閱讀與討論上，得自陳怡安老師的書及思想助益甚多。

註1：基金會將許倬雲老師「從歷史看領導」講座內容結集出書，共有：《從歷史看領導》、《從歷史看組織》、《從歷史看現代倫理寓言——東遊記》、《從歷史看時代轉移》、《從歷史看人物》。

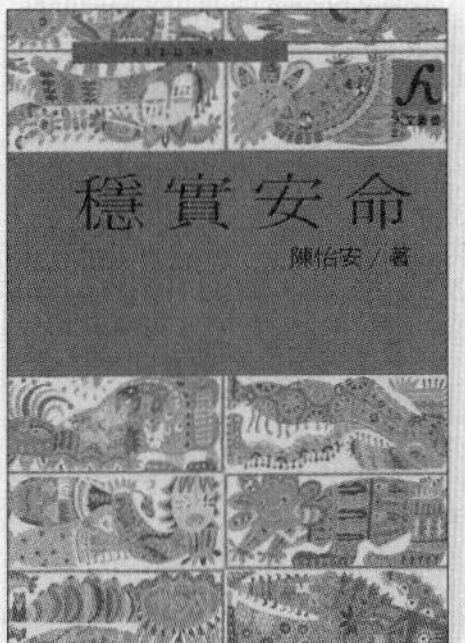

註2：「意識會談法」又稱「四層次討論法」，請參閱本書頁二二一。

【參考書目】

《積極自我的開拓》，陳怡安著，洪建全基金會一九八四年九月出版
《活出現代人的意義》，陳怡安著，洪建全基金會一九八六年一月出版
《把自己找回來》，陳怡安著，洪建全基金會一九八六年一月出版
《穩實安命》，陳怡安著，洪建全基金會一九八八年四月出版
《人生七大危機》，陳怡安著，洪建全基金會一九九〇年八月出版
《愛·溝通·成長》，陳怡安著，洪建全基金會一九九一年六月出版
《每日生命對話錄——陳怡安日知錄》，陳怡安著，洪建全基金會二〇〇三年四月出版

5

用生命書寫的天籟詩篇

《巨流河》與《一生中的一天》

文／簡靜惠

齊邦媛老師到台大教課的那年（一九七〇）我已出國，沒緣上她的高級英文課，後來因為辦《書評書目》雜誌，得以出版老師編著的《中國現代文學選集》中文版（之後轉給爾雅出版）。相識後更形親近，卻是在姊夫石家興與簡宛夫婦偶而回台時的聚會上。齊老師與姊夫情同母子，是她最早在中興大學教書時的少數得意門生之一，有此淵源，老師待我便很不一樣。她看我是文化人，又辦雜誌又做出版的，又是得意門生的姨妹，常摟著我的肩膀叫小女孩、小朋友之類的，很是親熱。我也趁機撒嬌，請齊老師幫我補沒來得及在台大上的課。

一九九四年，齊老師真的來到素直友會，為我們講英文詩、講英美文學。當時齊老師分享的契訶夫（Anton Chekhov）的《打賭》（*The Bet*），以及幾首英文詩，如〈The Road Not Taken〉、〈Mending Wall〉、〈Traveled Among Unknown

Men〉，一直是素直友會讀書會群常用且長用的教材，吟誦不絕！

我的書架上有幾本老師的著作，都有老師的親筆簽名，一筆一畫恭整娟秀、端莊如人。她早期的書都是翻譯與評論，很可以當做文學閱讀書單。在《中國現代文學選集》之後的《千年之淚》，每篇都是夾敘夾論，還有一長串的書名，都是齊老師讀過消化過，再加入自己的評介寫出來的文章。怪不得老師說她自己是「由一個間歇性的輕鬆讀者，進步到被朋友嘉許為當代台灣文學的知音」。（《千年之淚》頁一）

齊老師一生閱讀，半生從事教學翻譯評論創作，皆成績斐然。齊老師在台大教書時，培育了許多文史學者，為當代文化界鼎力發聲。齊老師的《一生中的一天》在二〇〇四年出版時，光是書名就令人驚艷，那時我與老友林貴真時常被請到各讀書會講課談書，這本書就是我們最愛介紹與朗讀的。翻開序言，就讓你欲罷不能：「對於我最有吸引力的是時間和文字，時間深邃難測，用有限的文字去描繪時間真貌，簡直是悲壯之舉。」（《一生中的一天．自序》頁一三）齊老師在台大退休的那天寫下：「一生中的一天」，那才是悲壯又激盪……

一直到二〇〇九年《巨流河》的出版，齊老師爐火純青的文學功力才真正顯現，堪稱是一本「大書」、「偉大的書」。書出版後，我買了很多送給海內

外的朋友。齊老師更在我七十歲生日那天，透過姊夫將親筆簽名書送給我，寫著：「慶賀靜惠年輕的七十歲，一生愉悅」。真讓我雀躍！

許多人對《巨流河》書裡的愛情故事感興趣，悲嘆與張大飛之間單純又神聖的愛，讚歎與俞君之間的君子之愛，更感動與師丈羅先生的人倫親情。齊老師的思考方式與文字能力可說高人一著，她寫書評書介時，是一位有歷史感的文學評論家；她寫《巨流河》，則以抒情方式寫家國，不是時代兒女的小情小愛，而是巨大悲傷的家國記憶。我想著，是不是就因有這麼一段難忘的初戀，讓齊老師心動，也讓我們神傷，使得齊老師做學問時不失赤子純真的情懷，直打入讀者的內心深處。

朱光潛先生是齊老師的恩師，當年力勸她由哲學系轉讀外文系，並且親自指導。我記得齊老師說過，當年踩著滿院子的梧桐葉到朱老師家上課的情境，沙沙地走在葉子上，時間與情緒交錯著，那是一種怎樣的心情呀！齊老師的父親齊世英先生也說過，她的情感重過理智，不適合讀哲學系。這些都是讓齊老師的一生可以邃密通透、深情至性、字字珠璣的筆力磨礪，得以記述縱貫百年、橫跨兩岸的大時代故事。她將濃濃的家國大事、時代變遷及身邊人的關注，都用詩化的語言文字表達，貼切如輕拈花瓣般，讓人一讀再讀，深透內心。

這篇文章接近完稿之際，剛好與幾位讀書會的朋友去屏東，看看李宗榮與陳寶蓮夫婦經營的魚塭。都走到台灣最南端了，我說：「可不可以去佳樂水的埡口海看看？」正是颱風過後陰涼無風的夏日午后，在問了幾個當地人後，才得親近這個海邊的小漁村。我坐在海岸邊的石板上，想著齊老師與她父親的心情，從最東北的遼闊「巨流河」，到極南端的台灣「埡口海」，我再次體驗太平洋奔騰的波濤衝進此灣，音滅聲消。

這麼一本用生命書寫壯闊與幽微的天籟詩篇，我們有幸讀過！

【參考書目】

《中國現代文學選集》（新詩、散文皆有收錄），齊邦媛編，爾雅一九八三年四月出版
《千年之淚》，齊邦媛著，爾雅一九九〇年七月出版
《一生中的一天》，齊邦媛著，爾雅二〇〇四年五月出版
《巨流河》，齊邦媛著，天下文化二〇〇九年七月出版

6

人生地圖

從《轉山》、《曠野的聲音》談起

文／詹美玲

如果你在如常的生活中，獲得一次擺脫物欲或某些信念的機會，你願意放下手邊擁有的一切，出發到一個陌生的場域，為期多則數年、少則數月的旅程嗎？

二〇〇八年，遠流出版了一本台灣青年謝旺霖寫的《轉山：邊境流浪者》，作者用極其真誠而精準的文字，以及第二人稱「你」的寫作模式，帶領讀者親臨那一場自己偕同自己的壯遊。兩個月的時間，以單騎從雲南麗江最後來到西藏拉薩，每一次的碰撞都是跨越，猶如書中的一段話：「你原以為只要跨過這一步，生命將有所不同，當跨過這一步，你或許就不是你，而是一個真正可以去冒險和犯難的人。」（《轉山》頁一〇三）

記得帶領此書的那一天，為了讓夥伴們對於作者行經的地方有所瞭解，我以

西藏境內的主要景點圖為起點，讓大家先輕盈地在紙上走訪，接著再依序對照目錄，概觀包含〈出發〉的十八篇旅行故事。最後，由夥伴從中隨興揀選其一，深入解讀作者當時的狀態與心情，也引發夥伴間雄辯滔滔的問題，諸如：作者出走的勇氣是從何處而來？深入藏人的生活帶給他的學習？幾次面臨死亡的近逼，迫使他與自己內心的魑魅交手，終於像剝洋蔥般，找回了最初的自己。

讀書會裡年過半百的林淑惠說：「作者正值體力、膽識正盛的年紀，所以他方能無畏地像個革命者，去到一個遙遠又陌生的城市……」帶領的經驗告訴我，冷靜卻又兼具冷眼地叩索「年齡」這樣的命題，通常是想辨識自己在瑣碎生活中的存在價值。於是，我順勢問大家：「假如現在有一個贊助的旅遊計畫，它可以讓你打開視野，但去的是你全然陌生的國度，且規定要單獨成行，旅程要六十天。請問你會去嗎？會，為什麼？不會，又是為什麼？」

之所以這樣問，是因為藉助旅行前往西藏尋找自己的還有她——邱常梵，在滿五十歲的那一年，獨自前往大陸西藏地區旅行近兩個月，其著作《聽見西藏：在雪域中遇見自己》，有著濃烈的佛學與無明之悟。同樣的西藏，透過二十幾歲（謝）與五十歲（邱）的眼睛，體悟大自然的角度大不相同，然而可貴之處，都在如實地面對自己。

面對自己的內陸經驗，也讓我憶起一九九四年出版的《曠野的聲音》，書中五十歲的「我」雖然被迫踏上了幾個月的澳洲內陸徒步旅行，但當她從真人部落回到現代化城市時，方才領悟人生的每個階段、每件事物都可以用來豐富心靈，也都成為生命的一部分。

另一本回歸自我的島嶼沉思集：林白夫人的《海之禮》（改版後譯為《來自大海的禮物》），以海濱一枚枚貝類，撰寫出女性深邃的情感層面；時隔二十年，再由蔡穎卿小姐執筆，以十二個主題書寫出一本溫馨的小書《我想學會生活：林白夫人給我的禮物》，她們各自以不同的形式，重新找到了生命的重心。

我總認為，一本書能吸引眾多讀者的關鍵之一，往往是作者勇於把自己當做媒介，去觀察與透視人類心靈的幽微與掙扎。於讀書會裡，有的時候是書感動了我們，而更多時候是別人的故事改變了我們。書是一張地圖，地圖中有作者實現自我的堅持與勇氣，和更多夥伴撼動人心的生命掠影！

【參考書目】

《轉山》，謝旺霖著，遠流二〇一三年六月新版
《聽見西藏：在雪域中遇見自己》邱常梵著，法鼓文化二〇〇六年十月出版
《曠野的聲音》，瑪洛．摩根著，李永平譯，智庫二〇一一年四月新版
《來自大海的禮物》林白夫人著，唐清蓉、林燕玲譯，遠流二〇一二年一月新版
《我想學會生活：林白夫人給我的禮物》，蔡穎卿著，遠流二〇一二年一月出版

7 聆聽正直

做「正直」的人，「正義」的思辨之旅

文／楊培青

當你走進麥當勞，在櫃台點了一份麥克雞塊，如果旁邊有人問你：「為什麼買麥克雞塊？」你會怎樣回答？如果再問你關於政黨投票選舉的事，如果現在來討論把選票投給哪個政黨的哪個候選人，你又會如何回答？

這段文字摘自楊照所著《如何做一個正直的人1》書中的一例（頁三七～三八），同時標明，公民意識即為對政治道理的責任感。從這裡開始，作者逐步牽引我們有意識地來分析。像是第一個問題的答案，或許每個答案各有不同，但大抵上都是以自己的喜好、習慣、心情為出發考量來做選擇；換到第二個問題時，通常發現多數人是非常熱衷答覆的，而且還會說出比較仔細的選擇理由。

別小看我們生活裡已經習慣成自然的這件事。公民意識其實從來不是件理所

人因書本而自由，因閱讀而滿足。（楊雅棠 攝影）

當然的事，更不是天上掉下來的，然而類似這樣的公民意識，卻是現代民主制度賴以正常、有效運作的基本條件。（《如何做一個正直的人1》頁三九）

理解政治，不能光靠熱衷選舉熱潮而已，還要認真思考公共價值在社會情境的實踐意義。這本二〇一二年獲得《中國時報．開卷》十大好書的《如何做一個正直的人》，其理念與素直友會推動的素直精神相近。由於希望會友們於生活中實踐公民素養，並能獨立思考、行動，簡老師推薦給會友閱讀並討論，也讓基金會的同事在週會上閱讀討論。

這本看似厚重繁複的套書，涵蓋近百篇文章，每篇以一個關鍵字來探討其核心論點，以故事性來強化論述，使讀者從中體悟新知識。其中呈現不說教又能帶動議題的內容，其實讀來並不費力，而且皆是隨時可見的題目，適合以互動討論的方式來發想，像是公民意識、同理心、故事……等關鍵字，一邊閱讀作者的觀察，一邊也可想想：那我的想法、做法呢？其實延伸空間是饒富趣味的。

另一本同質性的《正義：一場思辨之旅》，是哈佛校園裡最受歡迎的課程——「正義課」，教授桑德爾（Michael Sandel）把這課程變得活潑生動。他將理性邏輯的議題帶入公共領域，他總是提出各類問題，把學生置於真實的情境當中，促使他們抱持自己的觀點與思考互動。

那天的設計是，先觀賞一小段影片，模擬哈佛大學的師生互動情形。雖然只提問一個議題：假設你是電車駕駛員，以時速百公里行駛，看到前方軌道有五名工人在施工，你卻因煞車失靈停不了車，然而前面鐵軌有個分岔，分岔軌道上也有一人施工。你會選擇把電車轉向另一條支線，讓另外五人活命嗎？成員各自表述，即使五花八門、多元歧異，這些理性思辨的能力，透過讀書會的對話過程，以公民觀點思考公共問題，努力將己身的觀點表達清晰，相對帶出豐富的民主信念，而不只停留於「我對你錯」互嗆的層次。

「做一個聖人，那是特殊情形；做一個正直的人，那卻是為人的正軌。你們儘管在歧路徘徊、失足、犯錯誤，但總應該做個正直的人。」這是雨果為其《悲慘世界》所下的註解。正如我們在生活裡閱讀，在閱讀中生活，萬事萬物本就環環相扣。這些關於正直的書，經過不斷地聆聽與思辯，相信可以帶來無限延伸的議題和樂趣。

【參考書目】
《如何做一個正直的人》（一）（二），楊照著，本事文化二〇一〇年八月出版
《正義：一場思辨之旅》邁可・桑德爾著，樂為良譯，雅言文化二〇一一年三月出版

8 熟年美學

從《新中年主張》到《逆齡社會》

文／簡靜惠

自從將經營讀書會當成正業後，本來就喜歡閱讀的我，更是把讀書、逛書店、留意新書訊息等，當成生活中的大事。不僅每天晨讀當成禪修，寫書介登「讀遊園」，而書中的諸多新觀念見解也率先響應，在生活中口耳相傳、廣照周知，並做為基金會和素直友會訂定目標方向的指引。

最早在讀書會介紹給大家讀的一本熟年的書，是《新中年主張》。這本書把成人生命畫出一張新的藍圖：成人準備期（十八至三十歲）、第一成人期（三十至四十五歲）和第二成人期（四十五至八十五歲以上），書名副標為：繁華四十，閃耀五十，和諧六十。很快的，我將自己對號入座在第二成人期的階段，警覺到自己已在人生的末端，很震撼！

這樣的警覺，促使我開始去看更多相關的書。日本社會因地緣人文的關係，

閱讀的好處：培養海納百川的胸襟和容易看見美好的性情。（楊雅棠 攝影）

與台灣很接近，許多觀念和生活型態會在日本先流行，再傳到台灣來。對於中年生活及老年生活的準備，從日本翻譯過來的書很多。曾野綾子從《中年以後》到《晚年的美學》、《熟年的才情》……，她的觀念很新穎，生活態度更積極，讓許多進入中年之後的讀書會會友，有著正面的生活方向可依循。我尤其佩服她的骨氣與活力，著名的「戒老錄」觀念，讓我學著縮小收斂、引退交替。

而《都市裡的幸福》這本書，我介紹給與我相近也都是都會人的會心橋讀書會會友。原來在都會裡生活，有這麼多的「好處與樂趣」！也因著這樣的體會，上個月（二〇一三年四月）欣逢台南藝術節，會友們相招坐高鐵下台南，觀賞海莉的演唱會。這是讀書會的延伸，也響應高鐵一日生活圈的藝文生態。

另一位日本作家橋田壽賀子的書，也在讀書會裡流傳。這位日本有名的劇作家（連續劇《阿信》的劇作者），本身的故事就很具戲劇性，她自己已進入晚年，寫過《一個人最好》、《阿信的幸福》等，對於人如何過「好」的生活，有很務實且積極的人生觀可以效法。她的不忌妒、不懷恨、謹守崗位、減法放手讓人的態度，都是讓老人過得更好的法寶。

另一位百歲的醫生作家日野原重明，提出的「新老人會」組織及觀念：愛、忍耐、創新、簡單過生活，深思高翔，促使友會的「成功老化關懷計畫」建

立正確的觀念與後續發展。最近在讀書會裡流傳的「逆時針」——心念一轉彎生命無限好，讓大家不再視「老」為畏途。

台灣的作者群裡，我們喜歡讀薇薇夫人的書，也以她為榜樣。前些日子我找她來社區讀書會演講，驚歎於她的親和力與青春永駐的外貌。大夥兒都是追讀她的專欄文章成長過來的，都讚歎她的氣質風采依舊不凡。簡宛編著的《越活越美麗》裡，寫了六位資深女性的人生之道，薇薇夫人是其中的代表，文友們都尊她為薇老大，視她為生命典範！

最近讀到的新觀念是——「逆齡社會」（Amortality），這是愈活愈年輕的全球趨勢，傳達一種對生活永遠充滿熱情的健康心態。「逆齡是一種與年齡數字無關，擁有不停歇衝動的人生。」書中的許多新觀念我不一定全部接受，不過透過這本書，讓我有許多反思與警戒，也不斷地與自己的現況做比對，畢竟自己的年歲已高（書中一再說可以無齡，但事實還是事實），清楚自己的狀況還是最要緊。我無法阻止年齡的增長，但熱愛和熱衷追求生活的態度始終如一。推薦給讀書會的會友們共讀共勉。

【參考書目】

《新中年主張》，蓋爾．希伊著，蕭德蘭譯，天下文化一九九七年八月出版

《中年以後》，曾野綾子著，姚巧梅譯，天下雜誌二〇〇九年十二月新版

《晚年的美學》，曾野綾子著，姚巧梅譯，天下雜誌二〇〇七年十二月出版

《熟年的才情》，曾野綾子著，蘇憲法繪，天下雜誌二〇一一年八月出版
《都市裡的幸福》，曾野綾子著，黃安妮譯，天下雜誌二〇〇三年十一月出版
《一個人最好：阿信劇作家給的最優建言》，橋田賀壽子著，呂美女譯，天下雜誌二〇一〇年七月出版
《阿信的幸福》，橋田賀壽子著，呂美女譯，天下雜誌二〇一一年六月出版
《美麗新生活：樂在退休》，薇薇夫人著，遠流二〇〇六年九月出版
《逆齡社會：愈活愈年輕的全球新趨勢》，凱瑟琳．梅爾著，顧淑馨譯，天下雜誌二〇一二年九月出版

9

勵志成長

發現《祕密》，《為自己出征》

文／謝長安

當年，網路書店正如火如荼地推薦《祕密》這本書，馬上引起我的好奇心，也許是想窺探祕密的人性作祟吧！雖然質疑是出版社的行銷策略，取個那麼誘人的書名，還是一口氣買了二十本，分送給種籽讀書會的朋友。這是我長期參與讀書會養成的習慣，一則與朋友分享好書，主要是想藉由送書的同時，催促自己用功閱讀。

當《祕密》送出去不久，即陸續收到回應，有人已開始照著書本依樣畫葫蘆地在生活上踐行，並獲得印證：開車找不到停車位時，便反覆地唸：「我會找到停車位……」果然沒多久，就見到有車正駛離停車場而空出車位。更神奇的，有位朋友拿到我送的《祕密》之後，立刻接到不少團體陸續邀約，請她帶領導讀《祕密》這本書。她在帶領《祕密》同時，也親身嘗試運用，出國旅遊，經常獲得意想不到的驚人效果。

雖然現在已成為公開的《祕密》，但知而未行，或行而不恆，那麼《祕密》將永遠是個祕密。所幸，個人當初能果斷地決定買書送人，讓自己在買書、送書及讀書一連串的動作下，不但增強了自己對該書內容的信念，且逐漸地體驗吸引力法則，無時無刻不提醒自己要堅定並反覆應用，即使與人分享時受到存疑，也不為所動，心想只要秉著參與讀書會的初衷持續努力。相信受益多寡純屬個人祕密，不足為外人道。

讀過《祕密》後，生活思想的確開始微調、轉變，除了帶領讀書會增進信心外，凡事也逐漸減少負面的思維，對周遭環境帶來的衝擊雖無法完全排除或釋懷，心卻存有「下次會更好」的信念。或許是蝴蝶效應的緣故，縱使下次沒有預期的改善，也不再出現懊惱或抱怨的激烈反應。

偶遇親友們，迎面常聽到的最夯招呼語是──「最近很忙！」當他們說話的同時，肢體顯得不自在，不知是真忙，還是習慣使然？下次再碰面時，仍然像錄音機倒帶似地說：「我最近很忙……」害得自己打從心裡也跟著忙。現在的我，已決定做些調整，只要遇到有人問我：「最近忙不忙？」我都會肯定地答說：「不忙，有什麼需要我幫忙的嗎？」心想著，真的不能再一直盲目地忙下去，世上還有很多美好的事物，等著你我去享受呢！

想起多年前，讀書會曾共讀的另一本書《為自己出征》，再次喚醒心中的小

巨人，呼喊提醒著自己，長期在讀書會裡浸淫，是否完全卸下盔甲，找到真我？事實並非如此。紅塵世界的衝擊每天如洪水猛獸般地往身上撲，讓你想閃都來不及，一稍為猶豫或遲疑，便如膠似漆地緊緊將你黏住，舊盔甲剛卸下喘氣時，卻不知何時又穿上新盔甲。日復一日，多如牛毛的盔甲虎視眈眈、如影隨形地跟著脆弱的自我，雖然曾一心一意想為自己出征，但仍事倍功半，始終未能完全奏效。

所幸，如今重溫《為自己出征》和《祕密》之後，再為自己灌入些許的能量，並藉由書寫的助燃，促使勇於扛起《祕密》，朝著渺茫的生命旅途繼續《為自己出征》。期許早日找到真我，愛自己，並付出愛與接受愛。

【參考書目】

《祕密》，達朗．拜恩著，謝明憲譯，方智二〇〇七年六月出版
《為自己出征》，羅伯．費雪著，王石珍譯，方智一九九八年八月出版

Panasonic

10

四代共讀樂

阿祖，平安！

文／簡靜惠

「阿祖，平安！」稚嫩的童音從一歲四個月大的小孫女小境（Roxi）口中發出時，平安已然降臨。小境接著學會說的是：「阿嬤，愛你！」「Dada, Mama, I love you!」會隨著特定對象隨機轉換語言呢。而對著阿祖時，她才會說：「阿祖，平安！」這年，阿祖九十七歲。

孫女滿週歲時，我做了一支PDF「小境的讀書計畫——Roxi's Reading Projects」送她，裡面是小境從出生起，抓書、捧書、咬書、撕書、看書，以及和親人看書合拍的照片。姨婆輩的薇薇夫人、董陽孜、簡宛等，更現身說法地抱著她唸故事，幾張共讀的照片很是傳神。去年（二〇一二）我寫的新書《寬勉人生——國際牌阿嬤給我的十堂課》，書裡也有許多親人的照片，剛好帶著小境認識家族。媳婦的家人從加拿大來台灣看她，一起出遊或在家嬉戲的照片集，也是小境最愛的書。她會指著照片認外公、外婆、姨媽等，順便也

「一本真情，當下認真」，真誠寫下二十六年素直友會的痕跡。（楊雅棠 攝影）

認識台灣的土地與生活。

Roxi的媽媽每天上午都讓她趴在身上，一起童言童語地讀許多英語童書，如《*Dr. Sussus's Series Story*》；也有立體活頁的書，如《*Pop-up House of Inventions: Hundreds of Fabulous Facts About Your Home*》，畫的是屋子裡各個不同功能的房間，有起居室、廚房、車庫……，太有趣了，小境也開始理解生活了。

我看了很喜歡，拿給小境的阿祖、我的婆婆看，阿祖早年的生活記憶被喚醒了，很有興致地指著廚房、客廳……，一些她熟悉的東西一一唸出來。這個下午，阿祖的面容祥和溫柔，透過書本，她回到她的青春時代、中年時代，那時期的阿祖過得忙碌而豐美。

Roxi的阿祖九十歲時，兒孫們曾為她辦了一個「花樣年華」壽宴，我也陪她打了一場高爾夫球，之後她就漸漸老化。前些年生了場重病後，只能以輪椅代步，在家人圍繞下生活。我與她講古早話，回憶童年，我的媽媽是阿祖的手帕交，我們也是同鄉（中和），有許多共同的話題可聊。我發現老人家都是「眼前事很快忘記，愈久遠的事愈記得住」，因此，我找了一些大字本的圖畫書，我們一起唸，一起看，一起唱，民俗諺語、台灣民謠，而日本童謠是阿祖的記憶，她朗朗上口，我也就跟隨著上網找歌詞，練日語。

我時常與婆婆在午餐後、午睡前，共同複習諺語、童謠、歌唱，看報紙的大標題或《人間福報》報導的善知識，也一起看圖畫書或日文詩集。這些大字版的童書，不僅故事好，插圖更是美不勝收，像《蜘蛛之絲》、《漏》、《明月光》、《白雪》等等。現在的出版社非常用心，發掘來自世界各地的繪本作者，體裁也橫跨海內外，豐富壯觀，很值得成年人去讀，為自己，為孩童，也為家裡的老人。

有本《明月光》就很適合老少共讀。我拿給小境看，帶著她指指點點、又拉又扯地一起玩書中的黃點、紅線、圈圈、雨水、太陽、山丘、河流、樹木、人影……，書裡還有幾首唐詩，可以一字一句地唸唱，太棒了！

小境呀呀學語地唸：「床前明月光，疑是地上霜……」、「千山鳥飛絕……」阿祖也用台語唸著：「黃河入海流……」我把影像錄起來，向我的朋友獻寶，大家都笑說：「你是個憨阿嬤。」我才不憨！我準備把這本書修補好後，帶到美國給我的小外孫女唸。

朋友送我們一套《日語童謠教唱》，我跟著學後也教小境唱。這些歌都是阿祖會唱的日文童謠，如〈龜兔賽跑〉、〈桃太郎〉等，小境學會了，就可以跟阿祖一起唱。小境跑上跑下、又說又唱、活蹦亂跳地好快樂，看著小孩成長，當真喜悅歡心。

只是，近來阿祖的神態漸倦，前幾個月還要每日唱幾遍「もしもし亀（かめ）よ亀さんよ」（〈龜兔賽跑〉），現在卻漸漸哽在喉間，不再朗朗出口了，怎不令人傷感。

當我在「日文早餐讀書會」說起這件事時，精通日語的陳美和說有句日本諺語：「當小孩的尿片脫下，孩子就長大了，但老人的尿片卻是脫不得呀！」我在神傷之際，她趕快又說一句：「可愛無限，小孩有小孩的可愛，老人也有老人的可愛呀！你真幸運，可以一起享受。」

真的很幸運，因著閱讀，我一邊享受四代共讀樂，一邊也在修人生哲學。我很高興自己在邁入老年、伺候婆婆也陪伴孫兒的同時，找到可以安頓自己、引領孫兒優遊生活的方式。

當然，我會把這樣的讀書、生活方式帶入素直友會，邀大家一起玩「四代共讀」樂！

【阿祖的書目】

《寬勉人生：國際牌阿嬤給我的十堂課》，簡靜惠著，遠流二〇一二年一月出版

《くじけないで》，中譯本《人生別氣餒》，柴田豊著，盧千惠譯，台灣東販二〇一一年五月出版

《桃花源記》，陶淵明著，尹芳吉伯、丹尼納諾繪，格林文化二〇一一年四月出版

《百年之家》，路易斯著，英諾桑提繪，郝廣才譯，格林文化二〇一〇年五月出版

《トイレの神樣》，植村花菜著，講談社二〇一〇年出版

【洪境的書目】

《100層樓的家》，岩井俊雄圖文，周佩穎譯，小魯文化二〇〇九年三月出版

《地下100層樓的家》，岩井俊雄圖文，周佩穎譯，小魯文化二〇一〇年六月出版

《堇花奶奶的祕密》，植垣步子圖文，米雅譯，道聲二〇一一年九月出版

《台語歡唱繪本》，風車編輯群著，風車圖書二〇一二年十一月出版

《Miki House》，木村皓一著，三起商行株式會社出版

《我最喜歡車子》La Coccinella Srl著，方素珍譯寫，上人二〇一〇年四月出版

【阿祖與阿孫共讀的書目】

《Pop-up House of Inventions: Hundreds of Fabulous Facts About Your Home》，Robert Crowther著，Candlewick Pr出版，二〇〇九年三月

《明月光》，格林編輯部編，何雷洛（Javier Zabala Herrero）繪，格林文化二〇一一年七月出版

《蜘蛛之絲》，芥川龍之介著，田中伸介繪，格林文化二〇一一年五月出版

《漏》，民間故事改編，梁川繪，信誼二〇一〇年十二月出版

《白雪》，格林兄弟著，尹芳吉伯、丹尼納諾繪，侯易寧譯，格林文化二〇一〇年五月出版

附錄一

素直友會二十六週年回顧

素直精神，修己助人

洪建全基金會簡靜惠老師於一九八七年成立台灣ＰＨＰ素直友會，二十六年來以素直精神推動終身學習，讓喜愛閱讀的朋友得以踐行為學與做人。其重要會務如下：

國際交流與結盟

國際交流　一九八七～至今

日本ＰＨＰ友會，一九八七年，洪敏隆與簡靜惠赴日本北海道參加第六屆ＰＨＰ友會全國大會後與其結盟，每年均參與日本ＰＨＰ全國大會，體驗素直精神。

ＰＨＰ國際交流會，一九九五年第一屆ＰＨＰ友會國際交流會於台北成立，中、日、韓三國代表參加，推舉犬飼榮輝為會長，簡靜惠為副會長，持續至今。

國內結盟　二〇〇二～至今

佛光山人間佛教讀書會，二〇〇二年結盟，協助佛光山海內外各道場舉辦讀書會帶領人培訓及講座六十餘場，行程遍及亞洲、美洲與歐洲各華人地區。

德噶ＪＯＬ讀書會，協助成立讀書會及帶領人種籽培訓，二〇一一年至今。

讀書會經營與交流

新春茶會（二十二屆）　一九九二～至今

自一九九二年起，於每年三月舉辦新春茶會，展現各讀書會的活動成果，促進會友情感維繫，日本與韓國等國際友人亦與會交流與觀摩。

讀書會會群交流（三十屆）　一九九三～至今

為瞭解各讀書會運作狀況，增進各會交流學習的機會，給予讀書會運作資訊與多元方式觀摩，建立總會與各友會間的溝通及連繫網路，舉辦新舊會長交接、專人演講與聯誼等活動。

會友聯展／說寫生命故事聯展　一九九六～至今

友會於閱讀之餘亦鼓勵會友結合藝文與生活，並邀約分享才藝與學習所成，二〇〇九年擴大舉辦「西畫聯展」、二〇一〇年「水墨畫聯展」；二〇一一年會友以一年的時間整理屬於自己、親友或讀書會的生命故事，舉辦「說寫生命故事聯展」。

共同休閒聯誼／關愛台灣人文之旅（十六梯次）　一九九八～至今

為促進會友親近藝文、知性學習機會的聯誼活動，二〇〇九年起，以認識台灣的人文地景為主規劃結合休閒與藝文旅遊，探訪台灣在地的人文之美。

助人計畫

助人計畫　一九九六～至今

修己助人是友會透過閱讀而外顯的精神指標。一九九六～九九年愛物惜福跳蚤市場活動；一九九八年起推動「一餐節約募集關愛運動」；二〇〇〇年起長期贊助花蓮聲遠之家；二〇〇七年起推動「成功老化關懷計畫」，即贊助台灣關愛之家協會；二〇一〇年「關愛健走—與紀政一起健走」；二〇一一年響應佛光山行動圖書館募書活動，捐書一千四百二十四冊；二〇一三年捐書及志工培訓——國立台灣歷史博物館。

親愛國小鼓樂教學　二〇〇七～至今

長期贊助親愛國小鼓樂教學，聘請伊苞至南投指導原住民孩童鼓樂，經過五年學習與對外演出後，二〇一二年「全國鼓王盃」比賽榮獲團體組與個人組雙料冠軍。

讀書會相關課程・講座

自我人生開拓（十三梯次）　一九九一～一九九八

簡靜惠策劃主講，為女性朋友規劃的課程，以自我成長及自我發展為主軸，透過演講、會談、交流分享進行課程，學習真實的面對自己，進而走向喜悅而豐富的人生，學員後續均組成讀書會持續學習之路。

表達與演說（三十五梯次）　一九九一～二〇〇七

簡靜惠、方隆彰、楊田林策劃講授，透過學理探討與方法演練以發掘溝通的技巧，學員後續組成讀書會持續學習之路，後由簡老師發展為讀書會帶領人培訓之系列課程。

讀書會領導人培訓（三十九梯次）　一九九五～至今

簡靜惠策劃主講，為培養閱讀人口及讀書會帶領人所規劃的課程，內容包含讀書會組成、讀書會經營、如何帶領討論等；培訓的帶領人回歸各地社區、社團、機關團體成立讀書會，是推動讀書風氣的關鍵課程。

種籽講師養成訓練　一九九七～至今

簡靜惠策劃帶領，於一九九七年開始培訓志工及讀書會種籽講師，共培訓志工四十餘人，種籽講師七人，足跡遍及台灣各鄉鎮，甚至遠赴海外華人社群。

二〇一二年，授予黃莉莉、謝長安、張萍、鄭幸麗、呂淑真、林月碧、劉敏【種籽講師證書】。

大手牽小手／兒童閱讀種籽培訓（十三梯次）　一九九七～二〇〇八

種籽講師劉敏主講，為提升兒童閱讀能力與推動家庭共讀風氣，後續與助人計畫結合，所培訓志工多次遠赴偏遠地區帶領兒童閱讀。

生活書香／從閱讀到書寫（十四梯次）　二〇〇一～至今

透過課程提升閱讀品質、統整閱讀感受，進而書寫生命的體悟；先後由林貴真、林美琴、廖玉蕙、須文蔚授課，課後組成讀書會團體持續討論與創作；二〇一一年結合「說寫生命故事」計畫。

成功老化／後五十歲人生規劃講座（八梯次）　二〇〇七～至今

為因應時代趨勢及落實修己助人精神，提出成功老化關懷計畫，進行觀念宣導從自己做起，幫助自己身邊的長者，進而幫助社會的長者，協助銀髮族優遊於身心靈和諧之途，並培訓有熱忱的種籽志工。

讀書會在台灣民間的發展與反思研討會　二〇〇九

讀書會在台灣展現多元且豐富的學習型態，友會成立二十二年時，為統整讀書會運作經驗，舉辦「讀書會在台灣民間的發展與反思研討會」，佐以學術研討與反思，引發讀書會的潛在價值並擴大其影響力。

在讀書會裡踐行成功老化講座　二〇一二～至今

友會將經營二十五年讀書會群的經驗，結合台灣當前社會的需要，於台北、台中、高雄、花蓮舉辦四場「在讀書會裡踐行成功老化」講座；期許民眾透過讀書會的支持系統，發揮同儕力量，幫助自己也幫助周遭的親友，多元的、成功的老化。

讀書會相關講座

為豐富閱讀的深度與廣度，不定期邀約對閱讀有獨到見地的讀書達人及作家舉辦演講：「四季講座」（一九九四～一九九七）、「世界書香日」（二〇〇〇～二〇〇八）、「建立讀書會帶領新模式」（二〇〇五）、「祇園研修會」（二〇〇七～二〇〇九）、「讀書達人談讀書與書寫」（二〇〇七～至今）等。

會務

素直會刊　一九九三～至今

一九九三年發行《素直之友》季刊，報導各讀書會運作情況，相關講座與會務，會友讀書心得；二〇〇七年，為使機構理念與會務統一對外發聲，改以《洪建全基金會會刊》呈現。

志工運作　一九九六～至今

一九九六年開始培訓志工，提供一個學習精進的場域，並為讀書會提供服務，長期參與讀書會各項活動，課程規畫、執行，以及各項行政協助。

素直學堂　二〇〇七～至今

友會於成立二十週年時設立「素直學堂」，希能透過空間的運作，將友會從人與書、人與群體，擴展到人與空間的經營。

台灣 PHP 素直友會歷年會務表　成立於 1987 年

重要會務	起迄年
日本 PHP 友會交流	1987～
PHP 國際交流會（日韓印）交流	1995～
佛光山人間佛教讀書會結盟	2002～
德噶 JOL 讀書會種籽培訓	2011～
新春茶會（每年 3 月）	1992～
讀書會會群交流（每年 12 月）	1993～
會友聯展／說寫生命故事聯展	1996～
共同休閒聯誼／關愛台灣人文之旅	1998～
助人計畫	1996～
親愛國小鼓樂教學	2007～
自我人生開拓（13 梯次）	1991～1998
表達與演說（35 梯次）	1991～2007
讀書會領導人培訓	1995～
種籽講師養成訓練	1997～
大手牽小手／兒童閱讀種籽培訓（13 梯次）	1997～2008
生活書香／從閱讀到書寫	2001～
成功老化／後五十歲人生規劃講座	2007～
讀書會在台灣民間的發展與反思研討會	2009～
在讀書會裡踐行成功老化	2012～
《素直之友》／《洪建全基金會會刊》	1993～
設立「素直學堂」	2007～

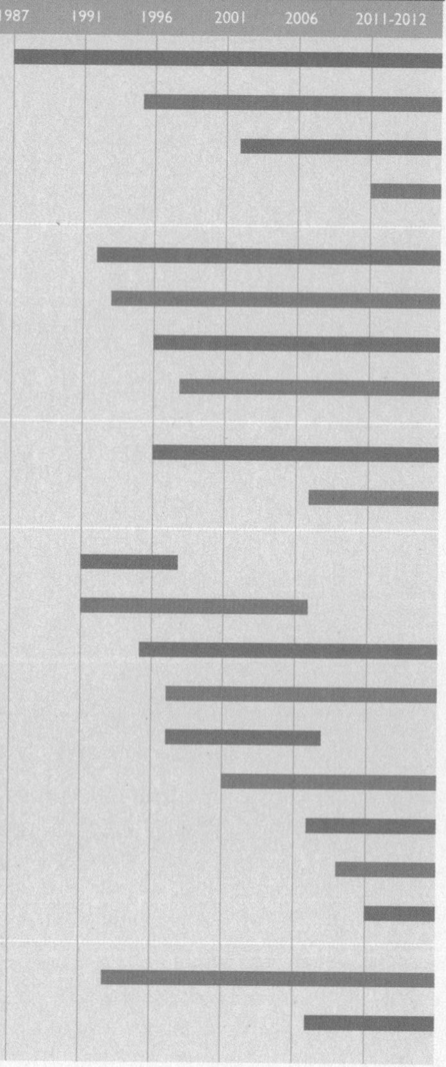

附錄二

素直信條公約

宗旨

於生活中培養、實踐素直的心，並推廣素直精神於社會。

信條

◎以真誠純樸的心學習。

◎以真誠純樸的心思考、討論。

◎以真誠純樸的心行動。

公約

◎主動的培養傾聽他人談話的心。

◎不依賴他人、獨立思考、獨立行動。

◎公私分明、遵守時間。

◎遵守彼此約定的事項。

◎待人和藹親切、並能體諒他人。

國家圖書館出版品預行編目資料

一本真情：我在讀書會等你／簡靜惠總策劃；簡靜惠、王邦雄、李偉文等撰稿 . -- 初版 . -- 臺北市：遠流 , 2013.12
面；　公分 . --（綠蠹魚叢書；YLK64）
ISBN 978-957-32-7306-6（平裝）

1. 讀書會

528.18　　　　102021078

綠蠹魚叢書 YLK64
一本真情
我在讀書會等你

總策劃：簡靜惠
作者：簡靜惠、王邦雄、李偉文、阮慶岳、馬以工、陳怡安、須文蔚、葉言都
葉思芬、廖玉蕙、簡宛、覺培法師、朱育德、林月碧、施錦秀、張萍
黃莉莉、楊培青、詹美玲、劉敏、鄭幸麗、謝長安
圖片提供：洪建全教育文化基金會、簡靜惠、素直種籽群
企劃：洪建全教育文化基金會、素直友會群
編輯群：謝文惠、陳玉珍、張耀娥
攝影・美術設計：雅堂設計工作室

編輯・發行：遠流出版事業股份有限公司
出版四部總編輯暨總監：曾文娟
資深主編：鄭祥琳
企劃：王紀友

發行人：王榮文
出版發行：遠流出版事業股份有限公司
地址：臺北市南昌路二段 81 號 6 樓
電話：(02) 2392-6899　傳真：(02) 2392-6658
郵撥：0189456-1
著作權顧問：蕭雄淋律師
法律顧問：董安丹律師

2013 年 12 月 1 日　初版一刷
行政院新聞局局版臺業字第 1295 號
定價：新台幣 360 元（缺頁或破損的書・請寄回更換）

ISBN　978-957-32-7306-6
遠流博識網　http://www.ylib.com　E-mail: ylib@ylib.com

洪建全教育文化基金會
地址：臺北市羅斯福路二段 9 號 12 樓
電話：(02) 2396-5505　傳真：(02) 2392-2009
http://www.hfec.org.tw

本書由洪建全教育文化基金會 策劃贊助出版